Relaciones
tóxicas

Maqui Block

Relaciones tóxicas

Transfórmate con amor y
¡libérate!

alamah

Relaciones tóxicas
Transfórmate con amor y ¡libérate!

Primera edición: enero, 2022

D. R. © 2021, Magui Block

D. R. © 2022, derechos de edición mundiales en lengua castellana:
Penguin Random House Grupo Editorial, S. A. de C. V.
Blvd. Miguel de Cervantes Saavedra núm. 301, 1er piso,
colonia Granada, alcaldía Miguel Hidalgo, C. P. 11520,
Ciudad de México

penguinlibros.com

D. R. © 2022, Penguin Random House, por el diseño de portada
D. R. © Paola García Moreno, por la ilustración de portada
D. R. © Verónica García, por la fotografía de la autora

ISBN: 978-607-380-151-5

Impreso en México – *Printed in Mexico*

Para que los que sufren por sus relaciones
dejen de hacerlo.

Lenke, abuela querida,
con amor y gratitud te lo dedico.
De ti aprendí mucho,
tanto que me sería imposible nombrarlo.
Aunque tu vida fue de lucha y hubo dolor,
tú bailabas y cantabas, contagiando gozo y alegría.
¡Que, a través de mí, tu fuerza de vida inunde al mundo!
Gracias, gracias, gracias.

Índice

Introducción

Este libro es para que transformes tus relaciones tóxicas con amor o, si no es posible, las termines y te liberes de ellas. Recibirás información valiosa de una manera simple y entretenida para que la digieras fácilmente. ¡Creo que ya tienes suficientes tormentos con las relaciones de tu vida! ¿Verdad?

El objetivo es aligerar tu existencia y que tus relaciones sean felices. Para ayudarte a lograrlo, utilizaré lo que he aprendido como psicoterapeuta en más de 25 años de experiencia. Mi método consiste en tres sencillos pasos:

1. **RECONOCER LO QUE CAUSA TU PROBLEMA.** El primer paso es reconocer el problema. Es más difícil que vuelvas a caerte cuando descubres la "piedra" con la que te has venido tropezado en tu camino de vida.

2. **IDENTIFICAR LO QUE TE HACE FALTA.** Reconocer el problema no es suficiente para resolverlo. Muchas veces, aunque tienes bien identificada la piedra con la que te tropiezas, vas caminando por la vida viendo el hermoso paisaje, en el despiste absoluto, o tan concentrado en tu meta que ¡zaz!, te caes de nuevo. Saber lo que necesitas para quitar esa piedra del camino es el segundo paso.

3. **TRANSFORMAR TU SITUACIÓN.** Esto equivale a quitar las piedras de tu camino con las que te has estado tropezando. Requiere utilizar las técnicas correctas para eliminar lo que causa el problema e integrar lo que te hace falta.

Este libro está escrito con mi método y te lleva a realizar estos tres pasos, por eso tiene un poder sanador. Durante la lectura te irás transformando con amor y tus relaciones también. Dependiendo de tu sensibilidad y de la conexión que tengas contigo mismo, lo notarás en mayor o menor medida.

Desde el primer capítulo notarás que el libro está escrito en femenino, como si fuera para mujeres únicamente. Aunque está escrito así, este libro es para todos, hombres y mujeres por igual. Lo escribí así, usando un lenguaje especial, para comunicarme con tu parte femenina, ya que, independientemente de tu género, tienes dos polos: el masculino y el femenino.

El polo femenino es la parte de ti que sabe escuchar, nutrir, sanar, empatizar, cuidar, sentir, soñar y crear. Es tu parte intuitiva, sensible, tranquila, emotiva, tierna. Gracias a ella te puedes vincular con los demás y entenderlos. Es la que te indica lo que necesita un amigo para sentirse mejor cuando atraviesa una situación difícil. Es la que sabe acompañar y levantar el ánimo. Es aquella que se deja llevar por lo irracional, por lo que "le late" y se permite fluir más allá de lo que es lógico. Por ella entras en contacto con tu poder creador.

El polo masculino es la parte de ti que piensa, analiza, hace, decide, dirige, manda, pone límites. Es tu parte líder, organizada, inteligente, asertiva y ejecutiva. Es la que sabe hacer las cosas, y ante un problema encuentra la solución rápidamente. Es aquella que piensa y decide entre la mejor opción, tratando de tener el control sobre cualquier imprevisto. Gracias a ella puedes llevar a cabo lo que deseas.

Ambos polos son igual de importantes. Necesitas que estén en armonía para tener equilibrio en tu vida. Imagina que el polo masculino es todo el lado derecho de tu cuerpo y el polo femenino es el lado izquierdo. Ahora imagínate corriendo en una carrera hacia una meta sólo con tu lado derecho funcionando y el izquierdo paralizado. Ahora imagínate corriendo, pero con tu lado izquierdo funcionando y el derecho paralizado. Obviamente quien tiene los dos polos equilibrados, con sus dos piernas sanas y fuertes, avanza más rápido. Necesitas tus dos piernas para caminar por la vida fácilmente, igual que necesitas tus dos polos, el masculino y el femenino.

Pregúntate: ¿cómo caminas por la vida? ¿Has creído que puedes avanzar por tu vida caminando con una sola pierna? Si tus dos polos trabajan en equipo y de manera coordinada, avanzarás hacia tus metas velozmente. Por eso, en este libro trabajarás con ambos polos.

El objetivo es que contactes con el poder de crear las relaciones que realmente deseas y dejes atrás las que te atormentan. Al hablarle a tu polo femenino detonaré tu capacidad intuitiva y se activará tu sabiduría interna. Con los ejercicios que te doy a lo largo del libro identificarás los cambios y acciones concretas que necesitas hacer, activando el poder de tu polo masculino. Así estarás trabajando con ambos polos de manera equilibrada y lograrás la meta de transformarte con amor para liberarte de tus relaciones tóxicas.

Imagina que eres como una oruga y que ha llegado el momento de que te conviertas en lo que realmente eres. Cada vez que tomas este libro entras en un capullo en el que te transformas poco a poco y a tu propio ritmo. Así, terminarás tu lectura convirtiéndote en la persona que realmente eres, como la oruga termina convertida en una hermosa mariposa.

El libro tiene cinco capítulos que te llevarán de la mano para concretar el objetivo. En el primer capítulo sabrás cómo es una relación tóxica y podrás distinguir cuáles de tus relaciones son tóxicas y cuáles son saludables. En el segundo capítulo conocerás las razones que han hecho que te involucres en las relaciones tóxicas de tu vida y resolverás los asuntos profundos que han hecho que caigas en ellas para que jamás te vuelva a pasar. En el tercer capítulo aprenderás por qué sigues atorado en tus relaciones tóxicas actuales y te daré maneras de desenredarte. En el cuarto capítulo revisaremos las relaciones tóxicas que hay en tu familia con papá, mamá, hermanos e hijos; con tu pareja; en tu trabajo; con tus amigos; y la más importante, contigo mismo. En el último capítulo te transformarás con amor para liberarte de las dinámicas tóxicas, terminando con las relaciones que te hacen daño.

¿Estás listo? ¡Pon tu cuerpo "flojito y cooperando" y disfruta el proceso!

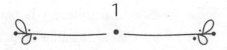

1

¿Cómo saber si tu relación es tóxica o sana?

La clave para ser feliz son las buenas relaciones y lo han confirmado investigaciones científicas. La Universidad de Harvard realizó el estudio más amplio del mundo sobre la vida adulta para descubrir cómo ser más feliz, sano y exitoso. Querían saber qué es lo que determina que una vida sea significativa.

¡Es un estudio muy completo! Dividieron a los participantes en dos grupos: el primero fue un grupo de estudiantes de Harvard y el segundo fue un grupo de niños de los barrios más pobres de Boston. Los resultados en ambos grupos tuvieron las mismas conclusiones. Los expertos les dieron cuestionarios a los participantes, los entrevistaron en sus hogares, revisaron sus registros médicos, les examinaron el cerebro, les extrajeron sangre y, pasados los años, platicaron con los hijos de éstos.

El doctor Robert Waldinger, psiquiatra, psicoanalista y el cuarto director del Estudio de Desarrollo de Adultos de Harvard, compartió los resultados en una TED Talk publicada en 2015 que se hizo viral. El estudio comenzó en 1938 y sigue hoy en día. Empezaron con 724 individuos y rastrearon su vida todos estos años preguntándoles sobre su trabajo, hogar y salud. La investigación continúa con unos 60 hombres del grupo original que siguen vivos y están alrededor de los 90 años, y los hijos e hijas, más de 2 000 *baby boomers*.

Muchas personas creen que el dinero y la fama son lo que hace que una vida sea buena. Como resultado, pasan su tiempo haciendo cosas que les traen dinero y fama. Esto se vuelve la prioridad y no dejan tiempo ni energía para cultivar sus relaciones. Sin embargo, lo que verdaderamente trae felicidad y salud son las buenas relaciones. Esto es lo que se descubrió en el estudio. Sin importar la clase social, el nivel de educación, la cantidad de dinero, la edad o el estado civil, lo que da felicidad y salud es que las relaciones sean buenas.

La pregunta clave es: ¿cómo sabes si tus relaciones son buenas o no? Ahora mismo lo vas a averiguar.

En este capítulo aprenderás cómo son las relaciones tóxicas y cómo son las relaciones sanas, y cómo diferenciar una de la otra. De esta manera identificarás cuáles de tus relaciones necesitan ser transformadas o terminadas. Tendrás claridad y reconocerás aspectos de ti y de tus relaciones que desconocías. Traerás luz sobre quién eres, te quitarás los velos que te impiden brillar y resolverás dinámicas destructivas que te hacen daño.

¿QUÉ ES UNA RELACIÓN TÓXICA?

Las relaciones son para nutrirnos y para hacernos felices. Una relación es tóxica cuando ocurre lo contrario y la relación en vez de nutrirte y hacerte feliz te succiona y te hace infeliz. En palabras parece muy simple, en la práctica se complica porque no es tan obvio. La mayoría de las personas que están en relaciones tóxicas ni siquiera se da cuenta. Lo importante es que te des cuenta ahora y aprendas a identificar cuáles de tus relaciones son tóxicas y cuáles no.

Una relación es tóxica cuando tu conexión con esa persona te impide avanzar o te lo hace más difícil. Una relación es tóxica porque te hace daño, te quita energía y no te deja ir hacia adelante, hacia tus metas. Lo natural en una persona saludable es querer avanzar y ser mejor. Ése es tu impulso hacia la vida. La relación tóxica te detiene y te limita.

Nos relacionamos con los demás para recibir y dar lo mejor, con el objetivo de impulsarnos y nutrirnos. En una relación tóxica sucede al revés: en vez de ser impulsada, te atoras, y en vez de ser nutrida, te drenas. No recibes lo que te beneficia, recibes lo que te hace daño y te lastima. En lugar de ir hacia la vida vas hacia la muerte. Suena muy trágico, lo sé… hay relaciones tóxicas que terminan en la muerte, sólo mira las estadísticas y cómo han ido en aumento. Las relaciones tóxicas te alejan de lo que es bueno para ti.

¡Una relación tóxica puede ser la razón por la que no estás logrando alguna de tus metas! ¿Lo habías considerado?

Y es que las relaciones tóxicas te dejan agotada, consumen tiempo y energía ¡mucho más de lo que imaginas! A veces hasta que te liberas de esa relación descubres lo mucho que te quitaba. Posiblemente dedicas más tiempo de lo que crees a conflictos, tratando de entender por qué esa persona hace lo que hace, cómo puedes resolver lo que ocurre entre ustedes o cómo enfrentar esos estados de ánimo tan complejos. ¿Cuánto tiempo y energía te queda para dedicárselo a lo que realmente quieres?

Las relaciones tóxicas son como remolinos en el océano, estás nadando feliz, chapoteando en las olas cantando "en el mar la vida es más sabrosa…" y te jalan de los pies hasta que tocas fondo. ¡Ni siquiera te enteras de cómo pasó! Lo que es evidente es que la felicidad se evapora cuando estás de cabeza, tragando agua y arena.

En las relaciones tóxicas los tormentos son cotidianos, a veces explosivos, a veces sutiles. No importa cómo se vean por fuera, lo que importa realmente es lo que ocurre a nivel invisible, en la intimidad, en tu interior. Afuera todo puede parecer hermoso, pero por dentro está podrido. A veces así son las relaciones tóxicas. Otras veces el sufrimiento es visible y los que te rodean se dan más cuenta que tú, porque tú le bajas el volumen al dolor para anestesiarte y evitar sentir lo que te molesta o incomoda.

Muchas veces la que menos se da cuenta de lo tóxica que es la relación es la persona que está dentro de ella. Vivir en una relación así es como dormir con una pequeña fuga de gas: no la percibes, te hace daño lentamente y puede llegar a matarte. En una relación tóxica generalmente no se reconoce la agresión, es "tan pequeña" que la dejas pasar, prefieres ignorarla porque "no es para tanto", "todas las relaciones tienen algo", "casi nunca pasa". Después de un rato, de tanta toxicidad, ya estás medio atontada y te sientes fatal, pero no tienes claro por qué.

Cada relación es diferente. Lo que todas tienen en común es que la autoestima queda deshecha. Convivir con alguien que agrede de manera constante merma hasta al más saludable. Tal vez en una relación tóxica no te mueres, a menos que haya violencia física, pero sí se mueren tu alegría de vivir, tu autoestima, tus metas y tus sueños.

¿CÓMO SABER SI TU RELACIÓN ES TÓXICA?

Hay muchas maneras de identificar una relación tóxica. Lo que normalmente hacemos para identificar algo es buscar características en el exterior. Por ejemplo, si la otra persona se comporta de una manera determinada, si dice o hace ciertas cosas, si tiene defectos, actitudes desagradables, etcétera. Aquí podría darte una lista tipo "las 10 principales características que tiene una persona tóxica", para que te mantengas alejada. Eso nos gusta porque parece claro y sencillo. Sin embargo, vas a seguir sintiéndote atraída a personas así a menos que tú cambies, y el primer gran cambio que debes hacer para salirte de relaciones tóxicas es centrar tu atención en ti.

La característica más evidente de una relación tóxica es que absorbe toda tu energía. ¡Por eso te hace tanto daño! Aprende a poner la atención en TI, en lo que te ocurre A TI y el otro dejará de absorber tu energía. **No importa cómo sea la otra persona, lo importante es cómo respondes tú a esa persona.** Te voy a explicar mucho más de esto en el capítulo 5. Sé que te encantaría una lista de características de las personas tóxicas, de cómo es su carácter, de cómo se comportan, pero esto no te beneficia. Si te pongo una encuesta en la que puedas ir checando si la otra persona es así o no, vas a estar feliz analizando a todos los de tu alrededor. ¡Y en lugar de estarte ayudando, te estaría distrayendo de la meta! El objetivo es que, de una vez por todas, te liberes de tus relaciones tóxicas, y para eso necesitas centrar la atención en ti misma. **Cada vez que centras la atención en ti recuperas tu poder.** Cada vez que pones la atención en el otro, le entregas tu energía y tu poder. La manera en que te comparto la información, los ejemplos y los ejercicios que te doy son para que aprendas a reconocer quién eres y cómo funcionas tú, más que trates de entender a los demás. Busco que centres tu energía en ti misma para que recuperes tu poder. Ya perdiste demasiado tiempo en los demás, tratando de salvarlos, educarlos, arreglarlos, convencerlos, analizarlos o lo que sea que hayas estado haciendo para reparar tus relaciones. ¿Sabes? ¡Los demás no son tu problema!

Sólo estás a cargo de ti misma y sólo puedes resolver lo que te pasa a ti. Entonces, muy centrada, sin pensar en los demás, vas a reconocer cuáles son tus sensaciones corporales. Tu cuerpo te va a indicar por medio de sensaciones específicas si estás en una relación tóxica o no. Y va a ser mucho más fácil de lo que crees.

Nuestras sensaciones corporales nos indican cuando algo es bueno o malo para nosotros. Son como un semáforo que se pone en verde, en amarillo o en rojo. Cada persona lo percibe distinto, pero todas las personas saludables tienen la capacidad de sentir en su cuerpo una sensación agradable o desagradable. Estas sensaciones nos indican lo que necesitamos y las emociones que sentimos. Por ejemplo, cuando tienes sed o hambre, ¿cómo lo sabes? Cuando estás enojada o triste ¿es la misma sensación? Cada emoción tiene una sensación diferente.

Tu cuerpo es un instrumento que te indica lo que te pasa y lo que necesitas, sólo tienes que escucharlo. Lo que sucede es que muchas veces no le hacemos caso porque no nos gusta lo que nos está diciendo. Por ejemplo, tienes sueño y estás viendo la televisión. En medio del capítulo de tu serie favorita tu cuerpo te grita "a dormir" y tú lo ignoras porque quieres terminarlo. Tal vez no lo haces con la televisión, pero sí lo haces en otras cosas.

Piensa en las maneras en que ignoras los mensajes que te da tu cuerpo. Yo tiendo a pensar que puedo más de lo que soy capaz, y cuando mis amados consultantes tienen una emergencia, doy demasiadas citas. Por la noche, al terminar mi día el cuerpo me duele como si me estuviera dando gripa. Así sé que me pasé de trabajo y que no debo de dar tantas citas. Mi cuerpo me dice, si lo escucho, cuál es mi número máximo de citas.

¿Tú te escuchas? ¿Decides con base en lo que te dice tu cuerpo? Si tiendes a ignorarlo haces cosas que te dañan.

Te doy algunos ejemplos:

- Tu cuerpo te dice: "Cada vez que sales con *zutanito* terminas muy cansada", pero sigues haciéndolo.
- Tu cuerpo te dice: "Quiero moverme, hacer ejercicio, que me dé el sol y el aire", y tú te quedas en la cama hasta tarde y te tumbas en el sofá.
- Tu cuerpo te dice: "Hagamos cosas divertidas y diferentes, ya me cansé de lo mismo", y a ti no se te ocurre nada o te da flojera investigar.

¿Te suena conocido?

También haces cosas que te dañan cuando crees que estás escuchando las señales de tu cuerpo, pero en realidad estás escuchando lo que te dicen los patrones negativos. Los patrones negativos son conductas, pensamientos y emociones que son inconscientes, repetitivas y automáticas. No escuchas a tu cuerpo diciéndote cosas como éstas:

- "Es normal que te griten pues nunca entiendes."
- "Sigue con *fulanito*, te controla porque te ama."
- "Tienes que seguir obedeciendo a tu padre en todo, aunque eres adulta e independiente."
- "Las mujeres son así (dependientes, celosas, débiles, tontas, fuertes o cualquier característica)."
- "Los hombres son así (agresivos, celosos, de mal carácter, inútiles o cualquier característica)."

Esto aplica de igual manera en hombres y en mujeres. Cada hombre y cada mujer es quien es y con sus características individuales sin generalizar.

Los patrones negativos son diferentes de la sabiduría de tu cuerpo. Los patrones negativos te dañan y los vamos a destrabar en el capítulo 3.

Lo que aprenderás en este capítulo es a afinar tu cuerpo para que puedas identificar qué relación está siendo tóxica para ti. Un músico puede saber tocar muy bien, pero si su instrumento esta desafinado, hará una presentación fatal en su concierto. ¡Igual te sucede a ti! Para disfrutar relaciones maravillosas necesitas afinar tu instrumento, o sea tu cuerpo. Esto quiere decir que puedas entender las señales que éste te manda.

Nuestro cuerpo nos manda mensajes todo el tiempo, pero las personas que se quedan en relaciones tóxicas no lo escuchan. He notado que desafortunadamente la mayoría de las personas que sufren en relaciones tóxicas tienen sus instrumentos muy desafinados. Algunos no sólo están desafinados, llevan tantos años sin tocar sus instrumentos que cuando empezamos a practicar con ellos no saben cómo suenan. Entonces no reconocen sus sonidos, ni las notas. Tienen que aprender a relajar su cuerpo, coordinar los movimientos, agudizar sus oídos. Es un entrenamiento.

Si llevas años en una relación tóxica es posible que te pase esto, así que ten mucha paciencia y amor contigo misma. Lo vas a lograr. Reconoce lo que tienes que aprender, es un proceso. Ponerte atenta, centrada, amorosa y paciente. Toda tu atención ahora está en ti. Vas a aprender a escuchar a la persona más importante. ¡A ti!

Date ese lugar a ti misma. Ése es el primer gran paso. Quitar tu atención de los demás y dártela a ti misma. Si sigues poniendo tu centro en los otros no te puedes escuchar. Con tu atención en ti misma vas a explorar las tres claves para descubrir si una relación es tóxica.

LAS TRES CLAVES PARA SABER SI TU RELACIÓN ES TÓXICA

1. El miedo
2. La culpa
3. La obligación

Vamos a revisar cada una a detalle, para que puedas diferenciarlas entre sí. Las podrás identificar por tus sensaciones corporales. Estas tres claves son las señales que te indican cómo estás tú en cada relación. Al observarte, centrando la atención en ti, en cómo estás tú cuando te relacionas con la otra persona, podrás aprender mucho. Tu reto es dejar de poner la atención en el comportamiento de la otra persona y poner la atención en las respuestas que tienes a lo que sucede con los demás.

Estas claves te van a indicar qué tan saludable eres al relacionarte con los que te rodean. Vas a aprender la diferencia en el manejo emocional saludable o tóxico para que puedas hacer los cambios que desees.

El miedo

El miedo es saludable cuando busca cuidar y proteger de un peligro real. Por ejemplo, siento miedo al ir manejando en la noche en medio de una tormenta con poca visibilidad. Ese miedo me lleva a detenerme un rato y esperar que la tormenta pase hasta seguir mi camino con más seguridad. Tal vez ese miedo me lleva a ir más despacio y a estar alerta. Ese miedo me protege de tomar riesgos innecesarios y me hace ir con precaución.

La clave para identificar que estás en una relación tóxica es que el miedo que sientes no te protege ni te cuida de un peligro real. Es muy confuso, porque lo vives como si fuera un peligro real pero no lo es. Es un miedo ficticio.

Crees que algo grave va a pasar, pero no es nada. Te lo han hecho sentir así y te lo creíste completito. ¡Piénsalo! El miedo que sientes es por la reacción que podría tener la otra persona. Tienes miedo de que:

- Se enoje contigo
- Se detonen conflictos
- Te castigue
- Tome represalias
- Le falles
- Lo desilusiones
- Se haga un gran problema
- Se ponga triste
- Sea agresivo
- Te deje de querer

Dejas de hacer cosas que deseas, te guardas tus ideas o cedes demasiado porque tienes miedo de las reacciones de las otras personas o de lo que pueda pasar. Tu atención está en la otra persona y no en lo que tú quieres hacer. Le estás dando el poder de manejar tu vida a esa persona.

Para descubrir si esto te pasa escucha tu miedo y ve qué lo causa. Si lo que te da miedo es la reacción de la persona y cómo se lo va a tomar, estás en una relación tóxica. No puedes hacer, decir o pensar lo que quieres. Tienes miedo de lo que va a suceder si haces lo que se te antoja. No puedes ser quien eres ni eres libre de expresarte a tus anchas. Estás contraída por el miedo.

¿Cómo sabes que tienes miedo? ¿Cuál es tu sensación corporal? ¿Qué te dice tu cuerpo cuando tienes miedo?

Aprende a escuchar a tu cuerpo cuando te dice: "Tengo miedo", e identifica qué lo causa. Cada persona lo siente diferente. Yo siento que me encojo, como que me enconcho y me hago pequeñita. Otros me han dicho que sienten escalofríos, mariposas en la panza, frío o que se congelan. No importa tanto cuál es la sensación, lo importante es que la reconozcas. Si puedes identificar tu sensación de miedo y lo que te la provoca, vas a darte cuenta si tu relación es tóxica. Para eso tienes que ir afinando tu instrumento, es decir tu cuerpo, escuchando tus sensaciones corporales.

Vives en tu cuerpo, así que hazte su amiga porque dependes de él para guiarte. Ayuda si respiras. ¿Estás respirando? ¿Con la barriga? Mete aire en la barriga y luego infla los pulmones. Hazlo unas cinco veces. Eso te va a ir conectando y aterrizando. Al final de este capítulo vamos a hacer unos ejercicios que te van a ayudar un montón. Mientras, sigamos adelante reconociendo la clave del miedo.

Lo que te sucede con el miedo es que te paralizas. Si estás paralizada no puedes avanzar ni moverte hacia lo que tú quieres. ¿Recuerdas que eso es lo que hacen las relaciones tóxicas?, ¡te detienen! Y tú quieres avanzar hacia tus metas y tus sueños. Así que respira profundamente, llénate de energía y recupera la atención en ti misma. Reconocer el miedo que tienes y ponerle nombre le quita fuerza. Saber a qué le tienes miedo y nombrarlo te llena de poder a ti. ¡Muy bien!

En México les dicen a los niños que si no se portan bien va a venir el "coco", y así estás tú dentro de las relaciones tóxicas, con miedo al "coco". En vez de tenerle miedo a "eso" que ni sabes qué es, ponle nombre. Al darte cuenta del miedo que tienes, reconocer de qué se trata y ponerle nombre, te haces fuerte.

Cuando reconoces que lo que temes es la reacción de la otra persona tendrás que asumir que le estás dando el poder de manejar tu vida. Darle el poder a otra persona es ir en reversa. Ya no eres la dueña de tus decisiones, ya no haces lo que tú eliges, haces las cosas que crees que debes hacer para poder estar bien con la otra persona.

Si te mueves por miedo, vas huyendo del peligro. Cuando el peligro es real, moverse por miedo es inteligente porque el miedo te cuida. Sin embargo, si el miedo fue creado por una fantasía, no te protege realmente y te daña.

Hacer lo que beneficia a otras personas a costa de tu felicidad te va a salir muy caro. Escucha a tu cuerpo, reconoce tus miedos, ponles nombre y cuestiona qué tan reales son. ¿Qué va a pasar si haces lo que tú quieres? ¿Cuál va a ser tu consecuencia?

Hay situaciones en las que se vive con mucha violencia, hay golpes, insultos, ataques físicos. Reconoce la gravedad de la situación que vives, los recursos con los que cuentas, los apoyos a los que puedes recurrir en caso de necesidad. En estos casos el miedo no es ficticio, es real; si corres un peligro en tu integridad física, toma medidas para protegerte. En estos casos, asiste con un profesional especialista en violencia. El libro será un apoyo más para salir adelante, sin embargo, necesitas más ayuda, y te la mereces.

Resumiendo: Escucha a tu miedo, nómbralo y cuestiónalo. Toma las acciones acordes a cada circunstancia. Esto te va a llenar de poder y te ayudará a desenredarte de las dinámicas tóxicas.

La culpa

Hay varios tipos de culpa. La mayoría de las personas sólo conocen la culpa en su parte negativa. Es importante que conozcas la diferencia entre los diferentes tipos de culpa para que te quedes con la parte que te sirve. Cada emoción te sirve para algo. Antes de deshacerte de la culpa tienes que ver para qué te sirve, tomar su mensaje positivo y dejar ir lo demás.

Las emociones nos movilizan a realizar acciones que pueden ayudarnos a salir de una situación que nos tiene atorados. Sería estupendo que aprendieras a usar la culpa para resolver lo que necesitas. Vamos a revisar la diferencia entre la culpa saludable y la que te enreda en relaciones tóxicas.

La culpa es saludable cuando busca resarcir el daño que se causó. Cuando te equivocas y haces algo que lastima a una persona lo normal es sentirse mal. Sólo las personas enfermas causan daño sin sentirse mal. Las personas que tienen problemas mentales lastiman, dañan, agreden, sin sentir feo. ¡Algunas hasta lo disfrutan y desean!

Si eres una persona saludable y equilibrada, cuando haces algo que lastima o daña a alguien tienes una sensación desagradable. Esa sensación fea que sientes se llama culpa. Así de simple. Cada vez que te equivocas la culpa te lleva a reparar el error. Lo lógico es que mientras más grave sea tu error y más consecuencias negativas cause, mayor sea tu sensación desagradable y más te muevas para resolverlo.

Como las emociones son el motor de tu cuerpo, la culpa real y sana hará que te muevas en la dirección correcta para aprender la lección y solucionar lo que ocasionaste. El problema no son los errores que cometemos; el problema es no aprender de éstos y seguir repitiéndolos atorados en el mismo punto. ¡Como un disco rayado!

La culpa es una emoción muy importante porque se relaciona con la responsabilidad. Cuando una persona maneja de manera positiva su culpa la transforma en responsabilidad. Entonces, al equivocarse, en lugar de estar martirizándose, se enfoca en lo que tiene que hacer para corregir el rumbo. Esto lo conocemos como responsabilidad.

La culpa es sana cuando te responsabilizas y asumes al cien por ciento las consecuencias de tus acciones. Al responsabilizarte de lo que has hecho te llenas de poder. La sensación corporal de la culpa saludable es muy especial. Primero, cuando te das cuenta de que fallaste hay una toma de conciencia, es como un "ajá", una sensación de sorpresa, como que te "cae el veinte" (antes usábamos teléfonos públicos con monedas de 20 centavos. Cada vez que lográbamos comunicarnos se oía cómo caía la moneda de 20 centavos). Cuando reconocemos el problema se da esa comunicación interna y conectamos con nuestra sabiduría. Entonces podrás evitar la sensación desagradable y pasarás directamente al aprendizaje de las lecciones, enfocando tu tiempo y energía en resolver el problema. ¿De qué sirve sentirte mal? ¿A quién le ayudas padeciendo esa sensación desagradable? Te lastimas a ti y tampoco le ayudas al otro.

Resumiendo: Ante un error, enfócate en resarcirlo de la mejor manera que puedas y harás más feliz a todos, sobre todo a ti misma. Al hacer lo que consideras *correcto* te sientes bien contigo misma, te sientes buena persona y satisfecha. Eso es normal y saludable. Cuando te centras en corregir tus errores te enfocas en las acciones que llevan a la solución y haces los cambios que se requieren. Al hacer esto te sientes valiosa y empoderada. Una persona poderosa resuelve. Ésa es la actitud que deseas manifestar. Ésta es la actitud que transforma cualquier sensación desagradable de culpa en responsabilidad y en poder.

La culpa es la que te lleva a resarcir errores, y alguien responsable quiere corregir lo que hizo mal y ser mejor persona. Cuando eres responsable quieres hacer las cosas bien, y si eres de las mías, te esfuerzas no sólo para hacerlas bien, quieres hacerlas perfectas. Las personas como nosotras, cuando cometemos un error, queremos resolverlo. Pero ¿qué tal si lo que consideras un error realmente no lo es? Porque hay de errores a ERRORES… Y hay de lastimadas a LASTIMADAS… Y estas confusiones hacen que nos sintamos responsables hasta el grado de cargar con cosas que no son nuestras.

Y en esa confusión entre lo que te corresponde resolver y una gran autoexigencia, la culpa se transforma en algo que intoxica y te deja completamente aturdida. Ya no puedes distinguir con claridad qué tienes que corregir y en dónde tendrías que poner un límite. La culpa que te hace enredarte en relaciones tóxicas es cuando te sientes responsable de resolver lo que no te corresponde. Te doy algunos ejemplos:

- Tu pareja se enoja porque no deseas realizar una actividad que tú no disfrutas.
- Tus amigos quieren que vayas de fiesta con ellos y tú quieres concentrarte en tus exámenes.
- Estás cuidando tu alimentación y haciendo ejercicio, vives con tu familia y se comen la comida que preparaste para los menús de la dieta. No eres capaz de encontrar el límite sano.
- Los que amas te demandan mucha más atención, presencia y demostraciones de cariño de las que deseas dar. Esto te lleva a perder espacios importantes para ti.

- Dedicas toda tu energía a tus hijos y estás estresada, agotada y abrumada.
- Trabajas mucho, pero nunca te sientes satisfecha con los resultados, crees que te falta hacer o lograr más.
- No puedes darte descanso, te da ansiedad no hacer "nada".

La culpa tóxica es cuando te sientes mal por hacer lo que a ti te hace feliz. La culpa que te lleva a responsabilizarte de lo que realmente necesitas responsabilizarte es saludable. Ésa te llena de poder. La culpa que te desvía de tus necesidades o metas, la que te hace sentir pequeña y poco valiosa es tóxica y te enreda en dinámicas destructivas contigo misma y con los demás. Ésa tienes que ignorarla y seguir hacia tus compromisos. ¡Mantente enfocada en lo que te nutre! Y escucha a tu cuerpo para reconocer la diferencia entre ambas. ¿Cómo te sientes cuando haces algo que te deja satisfecha? ¿Cómo te sientes cuando haces algo que no quieres y que tampoco te beneficia?

La culpa sana te hace sentir poderosa, capaz, responsable. Te lleva a mejorar, a esforzarte, a salirte de tu zona de confort, a estirarte más allá de tus límites. La culpa que te intoxica es la que te desvía del camino de crecimiento, te hace sentir mal contigo misma, no te perdonas tus fallas y te quedas en el resentimiento. No encuentras la solución a lo que hiciste y lo pagas castigándote por mucho tiempo.

Tú eres la que decide transformar tu culpa de tóxica a sana. Errores cometemos todos, así que lo que sucedió no es el problema, es como eliges afrontarlo. Tú eliges la calificación que te pones.

A veces fallamos con alguien y nos sentimos mal con esa persona y creemos que dependemos de su perdón para seguir adelante. Si condicionas tu avance a que otra persona te perdone, le estás entregando tu poder esa persona. ¿De verdad quieres darle las riendas de tu vida a alguien más?

Las personas perfeccionistas pueden pasar fácilmente de una culpa sana a una culpa tóxica. Esto sucede así porque en su afán de perfección quieren controlar más de lo que pueden y se imponen metas imposibles de cumplir. Creen que si hacen las cosas bien los demás estarán contentos con ellas y se sentirán satisfechas. Entonces, cuando hay reclamos o quejas las toman muy a pecho y les afectan. Todo esto las enreda en dinámicas tóxicas con otras personas y consigo mismas.

La sensación corporal de la culpa tóxica es muy diferente de la sensación corporal de la culpa sana. Mientras que la culpa sana se percibe en el cuerpo como el poder y la fuerza para realizar las acciones correctas con responsabilidad sintiéndote valiosa y capaz, la culpa que te enreda en dinámicas tóxicas te hace sentir mal contigo, como si fueras una basura, alguien pequeña y sin valor. ¡Afina tu instrumento para que aprendas a distinguirlas!

La obligación

La sensación de obligación se conecta con el deber. Todos tenemos una lista invisible de "deberes". Estos "deberes" pueden ser obligaciones que asumiste consciente y voluntariamente o que te "cayeron encima a la fuerza". A veces son tareas que al comienzo deseabas asumir, pero con el tiempo se convirtieron en cargas pesadas que no sabes cómo quitarte de encima.

Hay muchos tipos de obligaciones y no todas te enredan en relaciones tóxicas. Hay obligaciones que nos hacen sentir útiles y productivas. Gracias a que las llevamos a cabo con determinación, somos personas "de bien", que logramos metas y traemos bienestar y bendiciones a los que nos rodean.

Las personas más comprometidas, que se obligan con sus semejantes por el bien común, también son aquellas que reciben muchas bendiciones y se sienten satisfechas. Entonces, las obligaciones dejan de ser una carga y son regalos que traen significado a nuestra vida. Esas personas que dan mucho a otros también reciben mucho de esas personas. Dan su tiempo, su trabajo, sus recursos y reciben la gratificación de ser testigos de los cambios positivos que ocurren en la vida de esas personas a las que ayudan.

Por ejemplo, mi canal de YouTube en el que regalo ejercicios de sanación me hace muy feliz. En el pasado, hacer videos me costaba trabajo por mi timidez. Al conectarme con mi deseo de ayudar dejé de vivirlo como una carga y ahora mi corazón se llena de alegría con los agradecimientos que recibo.

Podríamos pensar que el problema con las obligaciones, lo que las hace tóxicas, es la gran cantidad de tareas y cómo nos abruman. Sin embargo, hay estudios que demuestran que mientras más obligaciones y tareas tiene una persona, más productiva es. La carga de obligaciones hace que esas personas se organicen de determinada manera para poder cumplir con lo que desean.

Si el problema no es la cantidad de obligaciones ni el compromiso con los demás, ¿cuál es? ¿Qué es lo que hace que las obligaciones nos enreden en dinámicas tóxicas? ¿Por qué la sensación de obligación es una de las claves para identificar si estás en una relación tóxica?

Lo que hace que la obligación te enrede en una relación tóxica es cuando por ella dejas de hacer lo que tú realmente quieres.

¿Dejas de hacer lo que quieres por lo que crees que debes? La sensación de obligación es tóxica cuando la percibes como una deuda. Es una sensación pesada, no sólo es como un deber, es más como una carga, algo impuesto, algo que te aleja de los anhelos de tu ser.

Las obligaciones sanas son las que, al asumirse, te llevan a ser una mejor persona, a crecer, te hacen sentir bien contigo misma, responsable, comprometida, que avanzas, que vas hacia adelante. Las obligaciones tóxicas son deberes viejos, tareas que asumiste en un tiempo anterior, que te alejan de tus compromisos actuales y reales. Son creencias y expectativas, generalmente de otras personas, que nada tienen que ver con lo que tú deseas para ti en este momento, ni te acercan a tus metas actuales.

¿Qué crees que debes hacer, pensar, tener? ¿Realmente es así? Muchas veces ni nos lo cuestionamos. Lo hemos pensado por tanto tiempo, que lo hacemos en automático, sin elegir. Muchas veces nos sentimos divididos entre el deber y el querer, sin que sean diferentes. Lo hacemos casi todo el tiempo, sin darnos cuenta.

¡Te lo muestro con un ejercicio muy simple! Si ahora mismo me pregunto ¿dónde me gustaría estar? Como hace frío, decido que me gustaría estar en la playa asoleándome el ombligo. ¿Y dónde estoy? Me encuentro hecha bolita en la silla, sentada frente a mi computadora, en la terraza de mi casa. Y entonces me pregunto ¿qué es lo que realmente quiero? Si lo deseo, podría tomarme unos días e ir a la playa a escribir, ¡nada me lo impide!

Cuestionarnos nos conecta con los anhelos verdaderos. Cuando crees que no puedes hacer lo que quieres porque tienes obligaciones que cumplir, entras en una actitud de víctima. El lema de una víctima es: "Quiero, pero no puedo". Ese "no poder" tiene que ver con no contar con los recursos para hacerlo. ¿Qué tan real es eso? A veces sí lo es. No tienes el dinero o el tiempo para llevar a cabo un deseo específico y tienes que adaptarte a lo que es posible en este momento. En ocasiones deseas varias cosas y al priorizar quedan fuera algunas que te hubiera gustado añadir.

Es como si te vas de viaje con una maleta y tienes derecho a 23 kg. Te puedes llevar lo que quieras, dentro de ese límite. Hay cosas indispensables y ésas son las que irán primero. Las demás te acompañarán siempre y cuando quede espacio para ellas. Así funcionan las obligaciones y los deseos.

Una persona saludable, que toma buenas decisiones en su vida, tiene obligaciones alineadas con lo que quiere. Esas personas viajan por la vida con maletas llenas de lo que desean. Las obligaciones y los deseos no tendrían que contradecirse.

¿Cómo logras alinear tus deseos con tus obligaciones? Es muy fácil, ¡sólo asume las obligaciones que quieres! Lo que nos mete el pie es que en lugar de escuchar a nuestro corazón escuchamos la gran lista invisible de deberes. Muchos de estos "deberes" no son reales, nos los inventamos.

Empecé contándote que quisiera estar en la playa asoleándome el ombligo. Si de verdad quisiera estar ahí, podría… No tengo que estar en una silla hecha bolita, con frío por el viento que está soplando en mi terraza. Puedo escribir donde me acomode mejor, ponerme cómoda y calientita. Cuando me doy cuenta de esto, puedo elegir algo distinto.

¿Cuántas veces te das cuenta de que ni siquiera te preguntas lo que quieres? Haces las cosas en automático, como si fuera una obligación, un deber, como si "eso toca". Entonces dejas de hacer lo importante. Le dedicas tu tiempo y tu atención a los *debería* de la lista invisible y te olvidas de lo que quieres hacer para lograr lo que te hace realmente feliz. Cada vez estás más lejos de tus metas y de la vida que quieres crear. Esto se nota en lo más cotidiano de la vida… tienes sed y no tomas agua, te estás haciendo pipí y te aguantas hasta que tu vejiga está por reventar, tienes sueño y te picas en lo que haces sin ir a la cama…

Queremos estar bien y sanos, pero no hacemos dieta ni ejercicio ni la cita para el *check up*. Posponemos deseos y no atendemos las obligaciones verdaderas creyendo que estamos haciendo lo que "se debe", cuando lo que realmente debemos estar haciendo es lo que queremos. ¿Verdad?

Esas obligaciones que son las verdaderas obligaciones, las que van alineadas con nuestro corazón, con lo que anhela nuestra esencia, las ignoramos. Y las obligaciones tóxicas, las de la lista de *debería* que son "deudas" que nos inventamos, son las que metemos en la agenda. Así, terminamos deprimidos y perdidos.

Por eso, la tercera clave para saber si estás enredado en una relación tóxica es la sensación de deuda que te pesa. Es importante no confundir esta sensación con la sensación de deuda saludable, que ocurre cuando "pagarlo" es en tu mayor beneficio. Por ejemplo, si sientes que "debes":

- Hacerte los análisis para conocer tu estado de salud.
- Tomar vacaciones para reponerte del trabajo.
- Darte un espacio de calidad que disfrutas con personas que amas.
- Tener noches de sueño completas.
- Comer tranquilamente alimentos nutritivos.

Éstos son ejemplos de obligaciones reales, que al llevarlas a cabo te hacen sentir muy bien.

Resumiendo: Las obligaciones que te meten en relaciones tóxicas contigo y con los demás son las que te alejan de tus anhelos y del bienestar. Si dejas de escuchar tus necesidades verdaderas te desconectas de lo que te hace bien y sólo escuchas "el deber ser". Entonces tu sabiduría queda bloqueada, ya no tienes acceso a lo que es bueno para ti. Diriges tu vida por lo que crees que es correcto y no por lo que realmente te beneficia.

La sensación de deuda es compleja y puede venir de muchas generaciones atrás. Tus ancestros pueden haber sentido que no merecían una vida buena. Tal vez tú no haces lo que te beneficia por amor a ellos, porque es lo que heredaste y lo que se conoce en tu familia. Tenemos un montón de ideas de lo que debemos hacer, de cómo debemos vivir y cómo es la manera adecuada de comportarse.

Mi abuela Lenke me llevó a muchas vacaciones increíbles y tenía una regla que debíamos cumplir. Podíamos hacer lo que quisiéramos, siempre y cuando nos levantáramos temprano para hacer ejercicio. Después de eso podíamos "descansar" o flojear el resto del día.

Yo crecí, mi abuela murió y ese "deber" quedó grabado en mi reglamento interno. Unas vacaciones me torcí el tobillo desde el primer día. No pude hacer ejercicio. Fueron las primeras vacaciones en mi vida que estuve recostada en un camastro, leyendo, observando, quieta, sin brincar de un lado al otro. Me metía a la alberca, me salía. Comía y me volvía a recostar. ¡Fue una experiencia tan diferente! Nunca me lo había permitido porque mi deber ancestral era hacer un mínimo de ejercicio. ¡Era como si la voz de mi abuela retumbara en mi cabeza con la orden "haz ejercicio"! Aunque realmente no era mi abuela porque ella sólo desea lo mejor para mí. Esa "voz" venía de una creencia limitante por lo que aprendí en mi infancia. ¿Puedes reconocer cómo te pasa esto a ti también con lo que crees que son tus obligaciones?

Para alinear tu corazón con tus obligaciones y sólo hacer lo que realmente te beneficia, tienes que empezar a reconocer estas creencias que te alejan de tu sabiduría. Caer en relaciones tóxicas es fácil si estás desconectada de lo que sabes y de lo que quieres.

¿CÓMO SE RELACIONA EL MIEDO, LA CULPA Y LA OBLIGACIÓN EN TUS RELACIONES TÓXICAS?

Es común tener una "cuota máxima de bienestar". ¿Cuál es la tuya? Si la sobrepasas te entra miedo, culpa y sensación de deuda. Es como si viviera dentro de ti una niña pequeña. Estás jugando feliz, con un nivel de bienestar elevado, como si fuera tu juguete favorito y tuvieras miedo de que llegue "el coco" y te lo quite.

Te da miedo perderlo, te da culpa tener más que otros y sientes que no te lo mereces, que lo debes y "el coco" va a venir a cobrarte el disfrute.

Observa tu vida. Mira tus mínimos y tus máximos niveles de bienestar, es decir, en qué niveles te mueves en cada área de tu vida: finanzas, energía, salud, diversión. Ésos son tus niveles permitidos. En algunas personas esto es muy evidente. Por ejemplo, si su tema es en la relación con el dinero, sólo pueden mantener un máximo y de ahí no pasan. Cada vez que llegan al tope algo pasa y vuelve a bajar el saldo.

Analiza tus máximos niveles permitidos de bienestar. Si tienes más que eso, te entrará culpa y miedo. Si crees que has dado menos de lo que se supone que tenías que dar para recibirlo, te entrará la sensación de deuda. No te lo ganaste, no te lo mereces.

Así encajan las tres claves de manera perfecta y te enredan en relaciones tóxicas contigo misma y con los demás.

CASOS DE LA VIDA REAL

Estos ejemplos te ayudarán a identificar cómo funcionan las relaciones tóxicas. Más que hablarte de lo que sucede afuera, de los hechos y perderme en detalles, me voy a enfocar en lo que sucede dentro de cada persona. Las circunstancias externas pueden ser distintas en cada caso, pero lo que nos sucede cuando sufrimos en nuestras relaciones es muy parecido. Si aprendes a reconocerlo podrás identificar cuáles relaciones son dañinas y transformarlas o terminarlas.

Marcela está confundida

Marcela es joven, guapa, inteligente y tiene un excelente trabajo. Lleva casada sólo dos años y al poco tiempo se fue con su marido a estudiar una maestría al extranjero. Debería estar feliz porque tiene todo lo que alguien de su edad podría desear. Además, ella lo eligió. Sin embargo, vive con culpa y miedo. Ha pasado de ser una mujer desenvuelta y segura de sí misma, a ser una mujer retraída, inestable e insegura. Se ha hecho un corte de pelo desastroso, se siente fea y estúpida. Le cuesta trabajo hacer los proyectos de la universidad y llora por cualquier cosa. Está confundida y no tiene claro por qué se siente tan mal.

Su marido es muy celoso y tiene explosiones todos los días. Ha sido una constante en los últimos siete años de su vida y es algo tan normal que ni siquiera lo registra ahora. Así es él, tiene un carácter explosivo. Me dice que estar en pareja es aprender a tolerar las características de cada uno. Ni siquiera relaciona cómo se siente con lo que vive en su matrimonio. Cuando toma una sesión conmigo trabaja otros temas, la violencia de su marido está "al fondo" como si fuera cualquier cosa, no el tema a tratar. Según ella, el tema es cómo ella no controla sus emociones, cómo se confunde o no hace bien las cosas. En su percepción, las agresiones que recibe son la consecuencia de lo inestable que ella es y que en parte se las merece.

¿Tú qué crees que fue primero? Si Marcela tiene tanto miedo de las explosiones de celos de su pareja, ¿cómo puede expresar lo que quiere? Cuando lo dice, son discusiones de horas. Si tiene que estudiar para un examen y a su marido le parece demasiado tiempo, la pelea puede durar toda la noche, por el tiempo que "le quitó" a él. Al día siguiente ella está desvelada para su examen. Se siente estúpida y piensa que todo lo hace mal. No es ni buena estudiante ni esposa, falla en todo.

Recibir esas retroalimentaciones negativas constantes de la persona con la que vives y a quien quieres daña tu autoestima. El concepto que tienes de ti misma se transforma y empiezas a verte con los ojos del otro. Dejas de reconocer tu valor, de saber lo que deseas, te desconectas de tu esencia. Por eso una relación tóxica te hace tanto daño.

Marcela tiene miedo de las reacciones de su marido, siente culpa porque miente para evitar pleitos, y obligación de hacer las cosas como una "buena esposa". Termina tomando decisiones que cada vez la alejan más de sus verdaderos anhelos. Las tres claves están presentes y es una relación tóxica porque en lugar de apoyarla a avanzar tiene que pelear con su marido para alcanzar sus metas.

Berta no quiere molestar

Berta es la mayor de cinco hermanos y desde muy pequeña se definió a sí misma como fácil y de buen carácter. No se siente muy brillante ni capaz, pero no le importa mucho porque sus mejores cualidades tienen que ver con el tamaño de su corazón y eso le parece suficiente. Su preocupación más grande es causar molestias. Ella hace todo lo posible por no incomodar a los demás. Cuando sale en grupo y hay que decidir la actividad, a ella le da lo mismo. Cualquier cosa le gusta y la hace feliz. De verdad es muy fácil porque nunca tiene una opinión, apoya lo que quiera la mayoría. Si hay algún conflicto se siente incómoda y trata de minimizarlo, limando las asperezas. Si alguien tiene que ceder, ella lo hace y no le cuesta ningún trabajo.

Bueno… entonces ¿cuál es el problema de Berta? Aparentemente ninguno. Todo está perfecto, al menos por fuera. Sólo que el cardiólogo de Berta no está de acuerdo. El corazón de Berta ha ido construyendo una coraza de músculos alrededor. Su corazón está encerrado, acorazado, no está abierto a recibir. Y es que para recibir… el primer paso es pedir, ¿verdad? Pero ¿cómo podría expresar lo que quiere si cree que va a molestar?, ¡imposible! Acallar los deseos hace que encierre su corazón en una muralla. Su cuerpo sólo muestra lo que ella se está haciendo.

Berta tiene miedo de expresar lo que quiere porque no quiere molestar. Sentiría una gran culpa de causar molestia y se siente obligada a ser siempre fácil para no causar problemas. Las tres claves de las relaciones tóxicas están ahí. ¿Con quién tiene una relación tóxica Berta? ¡Con todos! Su manera de relacionarse con los demás es tóxica y su cuerpo lo está manifestando. Para que Berta pueda hacer lo que ella realmente quiere tiene que estar sola. El reto de Berta es poder estar con otras personas y expresar lo que ella quiere, aunque los demás deseen otra cosa. Aprender a manejar los conflictos y levantar su voz defendiendo sus deseos es una de las lecciones de vida que Berta necesita aprender.

Norma es perfecta

Norma fue una hija muy deseada. Desde muy pequeña sintió todas las esperanzas de sus padres y abuelos centradas en ella. Las expectativas fueron muy altas y ella se esforzó siempre por ser la mejor. Ahora que es una mujer adulta trabaja mucho y se exige perfección. Cuando algo no sale bien se ataca y tiene conductas autodestructivas, además sufre de ansiedad y estrés. Sus expectativas son tan altas que no las cumple jamás. Tiene fuertes discusiones con su pareja y ya están en el momento de decidir si tienen hijos o no. Ella no se siente preparada, pero ya está en la edad límite y no debería de seguirlo posponiendo. Se siente cada vez más presionada e infeliz. Siente que su vida es un desastre y que ella no sirve para nada.

Está llena de miedos, culpas y obligaciones.

¿Con quién tiene una relación tóxica? ¡Con todos! Con ella misma, con su familia de origen, con su pareja, con su trabajo…

Y es que las dinámicas tóxicas se multiplican. La buena noticia es que si aprendes a sanarlas en un área de tu vida, las puedes arreglar en las demás.

Ángela es un ángel

Ángela es la persona más generosa del mundo. Lo común es encontrarla pensando en cómo puede ayudar a alguien. Ha tenido pérdidas muy importantes, que a otra mujer la hubieran tumbado en la cama bastantes meses. Se murió su hijo, luego su esposo, luego su madre, luego su padre. Ahora mismo su hermano está enfermo. Ella tiene una capacidad sorprendente para acomodar los duelos y las tragedias, como si le salieran unas alas de ángel y ella simplemente vuela hacia lo siguiente sin raspones, confiando en que Dios así lo decidió y todo está bien. Ella se enfoca en ayudar y hacer lo que puede con una generosidad increíble. Las amigas piensan que evade sus duelos con esa actitud optimista y enfocándose en dar lo mejor de sí y ayudar a quien puede. ¿Tú qué piensas?

Realmente la única persona que puede saberlo es Ángela. Ella tiene que explorar si está en una relación tóxica con las personas a las que ayuda y si está evadiendo su duelo con su actitud optimista. Lo que es evidente es que las personas que la miran y la juzgan están siendo tóxicas al enfocarse en Ángela, en lugar de centrarse en lo que les pasa a ellas.

Ángela tendría un problema si empieza a escuchar a esas "amigas" y a creer que no amó a su marido por no estar en el drama, o que no es buena madre por sonreír todos los días y tener un sentido de vida más allá de sus hijos. A veces se da cuenta de que se involucró demasiado en alguno de sus proyectos de "salvación". Entonces recupera el rumbo y pone límites. La vida es un juego, las relaciones son para ir aprendiendo. El problema no es tanto cómo te enredas, es desenredarte cuando esto ocurre. Ángela no siente miedo, culpa ni obligación. ¿Dónde estaría la relación tóxica? No la hay.

Recuerda: Una relación tóxica te drena y se reconoce porque la persona que la sufre siente miedo, culpa u obligación. Las relaciones tóxicas hacen que vayas en reversa, que no puedas avanzar en tu vida. Ángela es feliz y cada día se siente más plena. Si su brillo muestra con más claridad la amargura de las amigas, lo único que le convendría es alejarse de esas "amigas".

Claudia es una superamiga

Claudia es una de las personas que más admiro en el mundo. Es buena, buena, ¡BUENA! No la escuchas hablar mal de alguien y se enfoca en ver lo positivo de cada situación. La vida la ha golpeado como a pocos y ella se levanta cada vez con más fuerza y sabiduría. Es uno de mis ejemplos a seguir y hace que mis problemas me parezcan tonterías. Por eso cada vez que necesito ubicarme pienso en Claudia. Sólo que Claudia tiene un montón de amigas succionadoras. Ella se dedica a verles lo positivo y a tomar de cada una lo bueno, lo que le hace bien. Suena a una filosofía muy zen y parecía que funcionaba hasta que hace unas semanas perdió una gran cantidad de dinero en su habitación. El dinero no aparecía por ningún lado y estaba desesperada porque lo necesitaba para unos pagos. Le dije: "Siéntate en meditación y pregúntale a tu corazón qué necesitas, qué mensaje hay para ti". Es común que no escuchemos los mensajes que son más urgentes y que alguien externo nos los venga a recordar. Ella no recibía ningún mensaje por tanta angustia, ni aparecía el dinero, ni entendía nada. Así pasaron los días y me pidió que yo preguntara. Entonces me senté en meditación y le pasé el mensaje: Debía de dejar de enfocarse sólo en lo bueno y ver las cosas completas. Eso significaba ver "lo negativo" de esas personas a las que amaba tanto. Si lo veía podría poner límites y dejar de ser succionada. El dar inadecuadamente era una fuga en su energía, la pérdida de dinero representaba esas fugas que ella no veía. Al estar dispuesta a reconocer las fugas de energía en sus relaciones y detenerlas, iba a cambiar la situación.

Claudia no creía que alguien la succionaba, pensaba que cada persona le daba algo positivo. Sin embargo, se comprometió a poner atención. Hizo un compromiso profundo con su alma de cambiar su situación para poder poner límites sanos y elegir mejor con quién pasaba el tiempo. El dinero perdido apareció esa misma noche, justo después de recibir el mensaje y comprometerse a realizar un cambio. ¡Fue mágico!

Tan sólo por estar dispuesta a ver lo que es y poner un límite a lo tóxico, apareció lo que ella tanto necesitaba. Claudia no era consciente de la sensación de obligación que sentía con algunas personas. Ésa era su clave de que había una relación tóxica drenándola.

Claudia tenía el lema "no me cuesta nada". Sin darse cuenta, pensaba "no me cuesta nada" escucharla unos minutos, "no me cuesta nada" irme a tomar un café, "no me cuesta nada" incluirla en el plan… De esta manera terminaba incluyendo en su agenda actividades que realmente le quitaban energía y no deseaba realizar.

El mensaje que recibió Claudia es para ti, para mí y para todos. Si tenemos relaciones tóxicas estamos diciéndole al universo: "Estoy de acuerdo con que me mandes situaciones que me quiten. No quiero recibir lo que me nutre, quiero perder lo bueno".

En cambio, si terminamos esas relaciones que nos succionan, el mensaje que estamos enviando al universo es: "Sólo mándame lo que me nutra y me beneficie. Yo quiero recibir lo bueno de la vida, lo que me ayuda a estar mejor".

Por eso, escucha tu cuerpo y reconoce las sensaciones corporales de miedo, culpa y obligación que te indican que estás en una relación tóxica.

¿Te puedes identificar con alguna de las mujeres de los casos de la vida real? Yo me reconozco en cada una. Me llené de inseguridades cuando estuve en una relación de pareja tóxica como Marcela, me olvidé de mí misma por satisfacer las necesidades del grupo como Berta, me he autoexigido perfección absoluta como Norma y me he dejado drenar sin darme cuenta como Claudia. Al igual que Ángela, he sido juzgada y criticada por hacer las cosas a mi manera y no como piensan que es correcto. Las relaciones tóxicas son parte de la vida, las experimentamos cotidianamente y aprendiendo a reconocerlas podrás salirte de sus dinámicas para crear relaciones sanas.

¿QUÉ ES UNA RELACIÓN SANA?

Una relación sana es un vínculo que te impulsa a la vida, a dar lo mejor de ti misma. En una relación sana recibes algo que te falta y que te trae bienestar. Las relaciones sanas deben traer alegría a tu vida y darle un significado a lo que haces.

¡Todo empieza por el principio! ¿Cómo surge una relación? Eliges relacionarte con alguien porque esa persona tiene algo especial para ti. Puede ser porque ves en ella algo que te hace falta, que te equilibra. Al relacionarte con ella lo integras y te sientes más completa. Otras veces te nace hacer algo por esa persona y se lo das con mucho gusto. En estos casos eliges vincularte con una persona específica para darle algo o recibir algo de ella, y así surge la relación.

En otras ocasiones las situaciones de vida hacen que coincidas con alguien y el roce cotidiano te lleva a generar una relación con ella. Simplemente te encuentras tan frecuentemente con esa persona que le tomas cariño, aunque no tenga alguna característica que te llame especialmente la atención.

Independientemente de cómo ocurra, lo que determina que hay una relación entre dos personas es que existe algo que las conecta. A eso que las conecta le voy a llamar "el tubo de conexión", y así tal cual te lo vas a imaginar, como un tubo entre dos personas.

Con todas las personas que tienes una relación generas un tubo de conexión. Dentro de ese tubo "viaja" lo que se dan y reciben, el intercambio que ocurre entre ambas. Empieza a visualizarlo, imaginarlo y percibirlo. Vas creando tubos de conexión de diferentes tamaños y colores en todas tus relaciones. Dependiendo del intercambio los tubos son de un tamaño y un color específico. Las características del tubo que te conecta en tu relación te muestran la calidad de esa relación. Una relación sana tiene un tubo de conexión de buena calidad.

Empieza a usar tu imaginación y visualiza estos tubos que te conectan con los demás. ¡Aprenderás mucho de una manera fácil y divertida! Hay tubos gruesos, delgados, flexibles, rígidos, cortos, largos. ¡La variedad es ilimitada! Y cada característica del tubo dice algo de tu relación con esa persona.

Las relaciones son intercambios. Te vinculas con los demás porque das o recibes algo y esto "viaja" en el tubo de conexión. Una relación es sana cuando lo que viaja por ese tubo de conexión te impulsa hacia tus metas, te hace bien, te nutre y está alineado con los anhelos de tu corazón. Revisando tus tubos de conexión, su grosor, color, flexibilidad, podrás saber si tu relación es sana y te da energía para avanzar o te drena y atasca.

Mientras más das y más recibes, el tubo de conexión que te une con la otra persona se hace más grueso. Un tubo es grueso por lo mucho que se da y se recibe, independientemente de si el intercambio es positivo o no. Entonces, un tubo muy grueso no significa que sea algo bueno para ti. Un tubo grueso sólo significa que el intercambio es muy grande, ya sea porque tú das mucho o porque recibes mucho. Si es un tubo grueso porque recibes y das muchas cosas negativas, es una conexión que te hace mucho daño. Como ves, la salud de tu relación depende de la calidad del intercambio y no sólo de la cantidad que das o recibes.

Por eso, cuando me pregunta una mujer a la que le encanta su profesión si debería dejar de trabajar al tener hijos "por el bien de su familia", yo le digo que siga trabajando precisamente por eso. Una madre y esposa amargada y frustrada porque no cumple sus metas profesionales a nadie beneficia. Esos niños estarán mejor con una mamá que se siente realizada con su vida. Hacer las cosas por miedo, culpa y obligación daña las relaciones. Hay que dar y recibir con amor lo que realmente se desea. Organiza tu vida para que cumplas tus compromisos sin miedo, culpa ni sensación de deuda. Haz las cosas con amor y generosidad y la calidad·de tus intercambios será elevada.

Mientras mayor es el intercambio, más grueso es el tubo y más sólida es la relación. Esto es así porque los tubos de conexión gruesos son difíciles de romper. El compromiso entre las personas crece con el intercambio que ocurre entre ellas. Los vínculos se fortalecen cuando se da y se recibe. Podrías pensar que esto es algo positivo, pero depende de lo que están intercambiando.

Por ejemplo, si una persona da con la intención de controlar a la otra, es un intercambio negativo. Imagina que una persona le da a su pareja un teléfono celular sin ponerlo a su nombre.

Su pareja comparte ese número a todos sus clientes y hace su vida profesional con ese número telefónico. Cada vez que tienen un problema recibe amenazas de la pareja y la deja sin el servicio. Ése es un intercambio que aparentemente impulsó a la vida, pero en realidad es para frenar el avance.

Tienes que ser muy astuta al identificar esos intercambios y evitar confundirte. Lo que te impulsa a la vida te empodera, no te lleva a depender de otra persona para llevarlo a cabo. Si generas una deuda, tienes un miedo o sientes culpa, es una relación tóxica. Con las tres claves es muy fácil identificar cuándo tu relación es saludable y cuándo no.

Cada tubo tiene diferente grosor, dependiendo de los intercambios. Los tubos pueden ir cambiando con el tiempo, igual que cambiamos las personas y nos ponemos gordas o flacas según cuidemos nuestros hábitos. Es más difícil romper un tubo grueso que uno delgado. Si el tubo es grueso y estás enredada, más difícil será zafarte.

Si das y recibes mucho, el tubo es grueso y la conexión es sólida. Si das y recibes poco el tubo es delgado y la conexión es débil. Los tubos gruesos son difíciles de romper, los tubos delgados se rompen fácilmente. Hay tubos flexibles que dan libertad, otros son muy rígidos y no permiten que las personas puedan moverse en esa relación. Hay tubos de colores hermosos, luminosos y brillantes. Hay tubos de colores oscuros.

Así que vamos a aprender más sobre las conexiones y lo que significan. A continuación te doy una lista de las características para que vayas usando tu imaginación y puedas percibir cómo son las relaciones que tienes. Imagina los tubos que te conectan con las diferentes personas y reconoce si los tubos que te conectan te impulsan hacia tus sueños o te complican la vida.

Si el tubo de conexión es grueso:

- Es una relación en la que se da o recibe mucho.
- El vínculo es sólido.
- La relación es más difícil de romper.

Si el tubo de conexión es delgado:

- Es una relación en la que se da o recibe poco.
- El vínculo es débil.
- La relación es más fácil de romper.

Si el tubo de conexión es flexible:

- Es una relación en la que los miembros tienen libertad.
- Existe confianza.
- La relación puede atravesar conflictos con éxito.

Si el tubo de conexión es rígido:

- Es una relación en la que los miembros no tienen libertad.
- Hay un ambiente de desconfianza.
- La relación se quiebra con facilidad y los conflictos causan estrés constante.

Si el tubo de conexión es de colores luminosos:

- Es una relación en la que el intercambio nutre e impulsa a la vida.
- Lo que se recibe, y se da, energiza.
- La relación es sana.

Si el tubo de conexión es de colores oscuros:

- Es una relación en la que el intercambio drena y no deja avanzar.
- Lo que se recibe, o se da, hace daño.
- La relación es tóxica.

¿QUÉ TAN CONSCIENTE ESTÁS DE LO QUE DAS Y RECIBES EN TUS RELACIONES?

La mayoría de las personas a mi alrededor no se da cuenta de lo tóxicas que son sus relaciones con los demás. ¡Ni siquiera se dan cuenta de cómo se maltratan a sí mismas! Empieza a generar el hábito de observarte sin juzgar. Reconocer lo que hacemos nos da el poder de cambiarlo. Si lo hacemos en automático no lo podemos cuestionar y lo seguiremos haciendo. Estás leyendo este libro para cambiar tus relaciones y que dejen de ser tóxicas, ¿verdad? Tu primer gran paso es ser consciente de lo que das y lo que recibes.

Cuando lo que se da y se recibe es de buena calidad, los tubos de conexión tienen un color brillante. Las palabras amorosas, el trato gentil, la ayuda efectiva crean vínculos con una frecuencia armoniosa y una luz hermosa. En cambio, los tubos de conexión tienen un color oscuro cuando su calidad es pesada. Las palabras hostiles, el trato grosero y las acciones que lastiman crean vínculos con una frecuencia desarmónica y una luz oscura.

La calidad del intercambio que se da crea un tubo de conexión que enreda o impulsa a la vida. Si lo que das y recibes es positivo y de buena calidad, el tubo que te conecta te impulsa a la vida.

Si lo que das o recibes es negativo, el tubo de conexión te enreda y te atora impidiendo que logres lo que deseas. Aunque tú des algo positivo, si la otra persona te está dando algo negativo esa relación es tóxica para ti porque la energía que está dentro del tubo que las conecta se ensucia y baja de calidad. Esto es muy importante entenderlo porque muchas personas creen que si ellas se portan "bien" y son "buenas" sus relaciones no son tóxicas. Si el intercambio es negativo por cualquiera de las partes, el tubo de conexión trae una energía que te afecta.

Por eso te puse el ejemplo de Claudia. Ella da energía positiva y tiene la firme creencia de que, si ella da de corazón, aunque conserve amigas que la succionan, no hay problema. Mantener vínculos con personas que drenan tu vitalidad, te hace daño. A las personas generosas y buenas les cuesta trabajo entenderlo, por eso mantienen relaciones tóxicas sin darse cuenta.

Hay personas que son tan felices que quieren que los demás también sean felices. Hay personas que son tan infelices que quieren que los demás sufran con ellas. Así funcionamos los seres humanos, queremos dar aquello que tenemos en abundancia. Dar felicidad te da más felicidad. Dar infelicidad trae más infelicidad. Lo que das y recibes se multiplica porque afecta la calidad de tus tubos de conexión.

Es fácil entenderlo si imaginas los tubos de conexión llenos de colores con cada intercambio. En las relaciones íntimas, con las personas que más importan, lo que das y recibes tiene mayor impacto. Puedes ver cómo funciona esto en el caso de una pareja, Gustavo y Montse.

Gustavo y Montse se pelean

Gustavo llega feliz del trabajo y le comenta sus logros a Montse. Ese intercambio tiene un hermoso color amarillo. Montse está de malas, tuvo un día pesado con los niños y se siente frustrada. No logra avanzar en sus proyectos profesionales y le da coraje. Cuando Gustavo le cuenta de su trabajo, piensa que pierde oportunidades al quedarse de ama de casa. Siente resentimiento y cree que no es justo que a ella "le toque" quedarse en casa haciendo tareas que no le gustan. Le responde a Gustavo con toda esa rabia que siente y su intercambio tiene un color verde oscuro, de consistencia muy pesada. Gustavo lo recibe y se entristece. Su intercambio es azul muy oscuro. Cada intercambio hace que su tubo de conexión se haga más grueso. La energía original amarilla ya se ensució con el verde y el azul oscuro.

Siguen discutiendo. Gustavo quisiera que Montse fuera feliz, no entiende por qué le pesa cuidar a los niños. Él cumple su parte y esperaría que ella cumpliera la suya de buena gana. Tampoco le parece tan pesado lo que ella hace, cree que al mantener a la familia él tiene más presión y carga que ella. Se empieza a enojar porque cree que ella no lo reconoce. Ahora empieza a meter un color rojo oscuro en el tubo de conexión que se hace todavía más grueso. Montse también se entristece, siente frustración e incomprensión y mete más colores en el tubo de conexión, todos oscuros y pesados.

Ya no queda nada del color amarillo hermoso, luminoso y brillante. El tubo que los conecta es muy grueso y está lleno de colores oscuros y pesados. Es un tubo que los detiene e impide que avancen hacia sus metas. Gustavo y Montse sólo pueden pensar en los problemas, están enredados en el tema de quién se sacrifica más por la familia y no hay energía para ir hacia la vida.

Todo el tiempo estamos dando y recibiendo. Sólo tenemos que aprender a observar estos intercambios y podremos descubrir si son de buena calidad o no. Recuerda que el primer gran paso es reconocer lo que sucede. Para poder darte cuenta con total claridad, tienes que ser muy honesta. Creo que eso es lo más difícil, porque ver lo que sucede muchas veces duele, y preferimos contarnos cuentos muy felices. Renunciamos a reconocer lo que es porque nos duele y porque no sabemos qué hacer con eso. Para enfrentar lo que es… sólo te puedo decir ¡sé valiente!

De todos modos, si no te gusta lo que sucede, lo puedes cambiar, pero sólo si lo aceptas primero. Si sigues negando lo que es, tu problema crece porque sigues engrosando los tubos que te conectan con los demás, haciéndolos más tóxicos. Eres responsable de lo que estás creando, y si deseas otra cosa necesitas cambiar lo que haces. Eso sólo lo vas a conseguir si te das cuenta de lo que tienes que cambiar.

Y CUANDO TE DAS CUENTA... ¿QUÉ PUEDES HACER?

Tienes control sobre lo que das y sobre lo que recibes en tus relaciones. Muchas personas no se dan cuenta de esto porque sólo reaccionan a lo que hacen los demás. ¡Son como títeres manejados por esos tubos de conexión! No logran tomar una dirección y mantener su rumbo a pesar de los obstáculos que enfrentan. Si en su camino se encuentran con una persona enojada, necesitada de ayuda o algún otro contratiempo, se desvían y olvidan hacia dónde se dirigían.

He notado que la mayoría de las personas se sienten obligadas a dar lo que se espera de ellas. No pueden hacer lo que quieren porque deben hacer lo que los demás quieren. Les entra mucha culpa y miedo porque su sentido de obligación con los demás es muy grande. Cuando logran hacer lo que quieren se sienten peor por la culpa que les entra.

Las personas que funcionan así terminan rodeadas de personas que se aprovechan de ellas. Sólo las personas aprovechadas disfrutan relaciones en la que siempre se hace lo que ellas quieren. Las personas aprovechadas quieren tener el control y ser las que eligen todo. Las personas saludables queremos que exista una participación equilibrada para que todos los que estamos disfrutemos de lo que hacemos. Dar felicidad nos da felicidad.

Cuando te obligas a renunciar a tu manera de ser para ser como espera otra persona, estás en una relación tóxica. Si esto lo haces contigo misma, estás siendo tóxica contigo. Si te exiges ser diferente de lo que eres para amarte, te haces daño porque condicionas el amor que te das.

Supongamos que reconoces una característica en la que podrías mejorar. Por ejemplo, tu puntualidad. Haces un plan y tomas acciones para lograrlo, como poner tu despertador más temprano, tener lista la ropa que te vas a poner, tener levantada la cocina. Ésas son medidas concretas y amorosas que te ayudan. Estar martirizándote con pensamientos tipo "no puedes hacer nada bien", "eres un desastre", "no te mereces un mejor trabajo" te hace daño.

Por cada pensamiento, gesto o palabra negativo en el que ataques o devalúes da tres positivos con los que nutras. Por ejemplo, si piensas "soy de lo peor", piensa "me disciplino, elijo mejorar y desarrollar mi potencial". Si hiciste algo que lastimó a otra persona, haz tres cosas lindas por ella. No se trata de desvivirte, se trata de generar un hábito con el que te acostumbres a estar vinculándote con los que te rodean con tubos de conexión llenos de energía luminosa y brillante. Si los tubos de conexión que tienes son de esa calidad tan elevada, serás impulsada a la vida con fuerza. Dar lo que trae felicidad te conviene.

¿Y qué pasa cuando recibes algo que te daña? Nos parece que tenemos más control sobre lo que damos que sobre lo que recibimos. Creemos que el recibir es algo pasivo, algo que "nos sucede" y por eso nos cuesta trabajo asumir nuestra responsabilidad. Como la responsabilidad se conecta con el poder que tenemos, si no vemos nuestra responsabilidad tampoco tenemos el poder de hacer un cambio.

Entonces el primer gran movimiento, después de reconocer que estás recibiendo algo que te daña, es ver qué parte estás poniendo tú en el asunto. Puede ser que de todo lo que sucede con la otra persona sólo 1% es tu responsabilidad, pero si tomas ese 1% completo cambiarás el 100% de la situación. ¡Te lo aseguro!

Elizabeth no tiene para dar

Karen y Elizabeth son mejores amigas desde los 15 años. Se han acompañado en todas las experiencias de vida y se conocen los detalles más íntimos. Karen es vital, alegre y carismática, de carácter dulce y generoso. Elizabeth tiene menos energía, vive preocupada por la economía, es más aterrizada y práctica. Karen tiene una crisis de vida y necesita el apoyo de su amiga, sin embargo,

Elizabeth lleva tiempo sin dormir y se siente cansada. La energía que tiene sólo le alcanza para ella y para sus objetivos, que son lo que más le interesa ahora. Se siente obligada a dar porque eso hacen las "buenas amigas", pero no tiene energía ni corazón para hacerlo. Karen se siente usada por Elizabeth.

¿Qué sucede aquí? Elizabeth cree que da, pero realmente no lo hace. ¡Sólo podemos dar cuando lo tenemos!

Desde la postura de Elizabeth lo primero sería reconocer que no tiene mucho para dar. Ser consciente de lo que estaba dando realmente al mirarlo desde los ojos de la otra persona, con empatía hacia Karen. Ser honesta consigo misma y con su amiga, reconociendo sus límites. Elizabeth estaba recibiendo una solicitud de ayuda y apoyo. Ella tenía que decidir qué hacer con esa solicitud. No estaba obligada a satisfacer las necesidades de Karen, pero si son tan amigas, tendría que haber dedicado el tiempo necesario para saber qué podía dar y hacerlo amorosamente, respetando sus posibilidades actuales.

Desde la postura de Karen, al momento de no recibir lo que necesitaba de Elizabeth, debió buscarlo en otro lado. Ella es la única responsable de recibir lo que requiere para estar bien. Reconocer las limitaciones de las personas que amamos es importante para saber con quién contamos y con quién no. A Karen le sirve la experiencia para ubicar el lugar que debe darle a su amistad con Elizabeth y decidir si desea seguir dándole tanto cuando no recibe en equilibrio. Si sigue dando tanto a una persona que sólo toma, está generando una dinámica abusiva.

Cuando Karen se hace responsable de lo que recibe de Elizabeth puede actuar en concordancia y movilizarse hacia otras personas que tienen más para dar. Si sigue esperando que Elizabeth le dé más, cuando no tiene para darle, se quedará frustrada.

¿Cuál es la responsabilidad de Karen? El esperar que Elizabeth le dé algo que no tiene. El deseo de recibir de su amiga el apoyo que necesita en este momento tan difícil de su vida. Así de simple. Así de "poquito". Ése es su 1%, y si lo asume completo puede cambiar la situación completamente.

Eso que parece casi "nada" hace que muchas personas se queden atoradas, sin moverse de una relación tóxica. Se rodean de personas que no pueden darles en equilibrio. A veces les gusta estar en una postura "superior" y ser las que siempre dan. Otras veces sí quieren recibir y esperan por años que la otra persona les dé más, lo que se merecen, lo que acordaron, lo que se comprometieron a darles. Invirtieron años de su vida, metieron amor, dinero, tiempo, esfuerzo, juventud y no quieren perderlo. Están esperando que la otra persona responda como "debe hacerlo". Esas ideas son las que hacen que te quedes recibiendo lo que te hace daño.

Lo más importante es que te des cuenta de la capacidad que tienes de cambiar lo que das y recibes en tus relaciones. Esto transforma la energía que hay en los tubos de conexión que tienes con los que te rodean. Como ves, tus relaciones dependen cien por ciento de ti. Lo que permites que entre en los tubos de conexión depende de ti. Si tú esperas que te den algo diferente, algo mejor de lo que te están dando, cierra ese tubo y muévete de relación. Dejar tubos abiertos en los que sólo te drenan te hace daño. Cierra esos tubos, y si vuelve a fluir energía linda, abre la llave.

Esto equivale a irte de vacaciones y cerrar la llave del gas porque no quieres que haya fugas. Si una relación no te da algo lindo, cierra la llave. Únicamente abre las llaves en aquellas relaciones en las que fluyen intercambios de elevada calidad. Cuida tus intercambios y sé consciente. Los tubos de conexión de las relaciones tóxicas irán desapareciendo al hacerse más delgados; los tubos de conexión de las relaciones sanas se irán engrosando y fortaleciendo. Eso es lo que quieres lograr, ir eliminando de tu vida lo que no funciona e ir creando más de lo que sí funciona.

IDENTIFICA CUÁLES DE TUS RELACIONES SON SANAS Y CUÁLES SON TÓXICAS

Tus relaciones sanas son aquellas con tubos de conexión en los que fluye una energía hermosa, luminosa y brillante. En tus relaciones sanas lo que das y lo que recibes te nutre e impulsa a la vida a ti y a los demás. Mientras más gruesos son los tubos de conexión más recibes y más das. Los tubos gruesos forman relaciones sólidas y abundantes, que duran mucho tiempo. Éstas son las relaciones que te sostienen para que llegues hacia tus metas y seas poderosa. Con este tipo de relaciones todos vivimos mejor, avanzamos más rápido y nos sentimos más plenos.

Tal como lo comprobó el estudio de Harvard, lo que nos da más felicidad no es el dinero ni la fama, son las buenas relaciones. Para ser felices y sentir que nuestra vida tiene un sentido, necesitamos crear relaciones sanas. No tienen que ser muchas, pero sí las suficientes para sentirnos satisfechos. Crear relaciones sanas hace que nuestra vida sea feliz.

En cambio, las relaciones tóxicas drenan y causan conflictos. Una persona puede estar enferma, deprimida, sin avanzar en sus proyectos por las relaciones que tiene. Posponer tus sueños hasta que los otros te den su permiso para hacerlos realidad te desconecta de tu esencia.

Ahora hay que poner en práctica lo que has aprendido. Haz un inventario de las relaciones que tienes para identificar qué relaciones te nutren y cuáles te están haciendo daño. El primer gran paso es reconocer tus relaciones tóxicas. Muchos evitan este paso porque tienen miedo de ver lo que es. Si eliges dejar de contarte cuentos de color rosa, te ahorrarás años de dolor. Te doy la lista de pasos a seguir para que puedas determinar la calidad de tus relaciones.

- Haz una lista de todas las personas importantes para ti.
- Evalúa cada relación con las cinco preguntas.

Sé muy honesta en tus respuestas. Si tu respuesta es "a veces", "un poco", "más o menos", selecciona el sí. Sólo elige *no* cuando es una situación que no sucede.

En la relación con _____:

1. ¿Sientes miedo (a sus reacciones)?
   Sí ○   No ○
2. ¿Sientes culpa (por no llenar sus expectativas)?
   Sí ○   No ○
3. ¿Sientes obligación (sensación de deuda)?
   Sí ○   No ○
4. ¿Avanzar hacia tus metas se complica?
   Sí ○   No ○
5. ¿Sientes que lo que das es insuficiente?
   Sí ○   No ○

Si contestaste algún *sí*, esa relación está siendo tóxica para ti. Mientras más respuestas afirmativas hay, más tóxica es esa relación.

- Divide a las personas en dos listas, aquellas con las que tienes una relación sana y aquellas con las que tienes una relación tóxica.

Estoy suponiendo que puedes hacer estas dos listas, pero si tu caso es distinto y sólo tienes una lista de relaciones tóxicas... reponte del *shock* porque ¡tienes en tus manos la herramienta perfecta para resolverlo!

Si tu caso es lo opuesto y sólo tienes una lista, la de relaciones sanas... te sugiero que te dejes de contar cuentos rosas y añadas personas al inventario, posiblemente dejaste a alguien afuera.

Lo que más se niega es lo que más miedo da reconocer. Es así por miedo a terminar la relación con alguien amado e importante. Se prefiere negar que esa relación es tóxica porque reconocerlo implicaría terminarla. ¿Y si no se necesita terminar la relación sino transformarla? Sólo vas a poder crear un cambio positivo si reconoces lo que es.

Entonces, ármate de valor y sé honesta. Revisa a conciencia el inventario de tus relaciones. Regresa a las cinco preguntas y cuestiónate a profundidad. ¿En qué relaciones sientes el tipo de miedo, culpa y obligación que se describen en el capítulo como tóxicos? ¿Cuál de tus relaciones no te deja avanzar y percibes que detiene tu movimiento hacia la vida, el éxito, lo que te hace bien?

¿Ya sabes cuáles son tus relaciones tóxicas? Te felicito, has hecho un excelente trabajo.

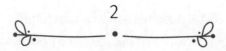

2

¿Por qué te involucras en una relación tóxica?

Una persona inteligente, poderosa y capaz no se involucra en relaciones tóxicas… ¿o sí? Pues ¡sí! Hay muchas razones que te llevan a involucrarte en una relación tóxica. Aunque seas poderosa, capaz, inteligente y enfocada, te puedes enredar en relaciones tormentosas.

Se piensa que la gente tóxica es la que genera relaciones tóxicas y que las personas positivas generan relaciones sanas. Sin embargo, esto no siempre sucede así. A veces hay personas positivas que cuando se juntan sacan lo peor de sí mismas y se vuelven tóxicas. ¿Te ha pasado? Entonces la misma persona con alguien puede generar una relación sana y con otra persona puede generar una relación tóxica.

Por eso este libro no habla de la gente tóxica, sino que se enfoca en cómo transformar las relaciones tóxicas. Lo que busca es sanar la manera en la que te envuelves en dinámicas destructivas con los demás. El objetivo es que ya no te hagan daño, y que tú no dañes a otros. La meta es que seas muy feliz y tengas relaciones armoniosas y divertidas.

Hay personas que tienen relaciones tóxicas con casi toda la gente, porque es lo único que saben hacer al vincularse con los demás. Hay personas que tienen relaciones sanas con la mayoría de la gente y sólo con algunos tienen una relación tóxica. Si realizaste tu inventario de relaciones en el capítulo 1 podrás saber si eres una persona que tiene muchas relaciones tóxicas o sólo unas cuantas.

Si una persona es inteligente y positiva, ¿por qué se enreda en una relación tóxica? Hay muchas razones y las vas a aprender ahora. Caer en las redes de una relación tóxica es bastante fácil, así que tienes que estar alerta. Yo también he quedado atrapada en esos enredos. Puedo hablarte de las relaciones tóxicas como una experta porque las he estudiado, soy psicoterapeuta, he ayudado a personas a solucionar sus dinámicas y he resuelto las mías. He aprendido tanto del tema que te lo comparto en su versión simplificada. Vas a entrar muy profundo y te entenderás a ti misma como no lo has hecho antes. Esto te ayudará a tratarte con más cariño porque comprenderás lo que ha hecho que caigas una y otra vez en dinámicas que pueden ser desesperantes desde el punto de vista lógico y racional.

Hay cuatro razones principales por las que una persona se involucra en una relación tóxica:

1. Herencia familiar invisible
2. Experiencias del pasado inconclusas
3. Necesidades no satisfechas
4. Creencias limitantes

Imagina que son como unos "anzuelos" que mientras existan te harán "pescar" dinámicas tóxicas en tus relaciones con los demás. Al explicártelos los irás entendiendo, esto traerá luz a tu conciencia y muchos serán desactivados. Eliminarás los anzuelos y dejarás de pescar ese tipo de relaciones, pudiendo manifestar otras que disfrutes y goces.

La meta de este capítulo es que comprendas las razones profundas que te han hecho enredarte en las relaciones tóxicas que tienes y las resuelvas. Si no resuelves lo que te lleva a caer en una dinámica que te drena volverás a repetirla. Tal vez cambies a las personas que te rodean, pero la historia será la misma. Hasta que aprendes la lección dejas de cometer el error, ¿verdad?

Empecemos por la causa más pesada de todas: La herencia familiar invisible.

LA HERENCIA FAMILIAR INVISIBLE

Hace años, estudiando con Bert Hellinger Constelaciones Familiares, lo escuchaba decir que 80% de los problemas personales tenía su origen en el sistema familiar. También yo he constatado en mi práctica profesional que si tú sufres relaciones de tormento es por lo que heredaste de tu familia y de los sistemas a los que perteneces. Para transformar estas relaciones necesitas liberarte de las herencias que te pesan.

Es muy importante que lo entiendas perfecto, así que te explico los puntos principales:

- **ERES PARTE DE TU FAMILIA.** Te lleves bien o te lleves mal con tu familia, perteneces a ella. Puedes irte al otro lado del planeta y de todos modos estarás conectada con tu familia. Eres un elemento de ese conjunto llamado familia, te guste o no. Nada te puede separar de ella, aunque te excluyas o te excluyan ellos. Tú sigues siendo parte de tu familia pase lo que pase con ella y pase lo que pase contigo. Así que, aunque te mueras, tú seguirás perteneciendo a tu familia.

- **Tu familia es parte tuya.** Tu familia forma parte de ti en tu ADN y en tu historia. Una parte muy importante de ti misma es lo que recibiste de tu familia. Tu familia vive en tu color de piel, en tus ojos, en la forma de tu cuerpo, en tus fortalezas y debilidades físicas. También forma parte de ti en tu manera de percibir el mundo. De tu familia recibiste la información para sobrevivir en el mundo, las reglas de la vida y de las relaciones. Mientras estabas en el vientre de tu madre biológica, y tu cuerpo se fue formando, recibiste muchas improntas de tu familia y de todo lo que te rodeaba en ese momento. Aunque una persona haya sido dada en adopción, esos recuerdos están ahí, almacenados en el subconsciente, y tendrán un efecto en su manera de ser, de actuar y de relacionarse con los demás.
- **Perteneces a muchos sistemas.** Además de ser parte de tu familia, perteneces a muchos otros sistemas. Cada sistema es un conjunto de personas que tienen algo en común. Se forma un sistema cuando un grupo de personas comparten una característica lo suficientemente importante para crear un vínculo que las une. Tú perteneces a un sistema de acuerdo con tu género, el país donde vives, la profesión que desempeñas, el idioma que hablas, la religión que practicas, etcétera. Si migraste, también perteneces a un sistema de acuerdo con tu país de origen y a otro sistema por ser migrante en el país donde vives. Pertenecer a muchos sistemas te enriquece cuando te abres a recibir todo lo bueno que tiene para ti cada grupo. El primer gran paso para tomar lo bueno de un sistema es reconocer que perteneces a ese grupo y sentir un profundo respeto y gratitud por ser parte de él, sin sentirte mejor o peor que otros miembros de ese

grupo ni considerar que ese grupo es mejor o peor que los otros grupos. Empieza a reconocer todos los sistemas a los que perteneces, date cuenta de cómo influyen en ti y en tu manera de crear relaciones. Los sistemas a los que perteneces tienen un gran impacto en tu vida, hónralos y toma lo mejor.

- **Cada sistema tiene su reglamento.** Hay un conjunto de normas y procedimientos en cada grupo al que perteneces. Imagina que un sistema es como un club y para ser parte debes de cumplir con sus reglas. Esas reglas rigen a todas las personas del grupo y sólo si las sigues *al pie de la letra* puedes seguir siendo parte del club. Cuando rompes una de esas reglas te sientes muy mal, ansiosa y culpable. Cuando sigues las reglas te sientes muy bien, te estás portando increíble, y te sientes como una niña buena. ¡Hasta te imaginas con una estrellita en la frente!

- **Tu herencia familiar invisible te afecta.** Todas las reglas e historias de los sistemas a los que perteneces están almacenadas en ti de manera subconsciente. Estas historias y reglas forman un legado al que le llamo la *herencia familiar invisible*. Los miembros de un sistema están conectados entre sí de manera invisible por su herencia familiar invisible. Ahí se van grabando todos los sucesos importantes y no tan importantes, las historias de cada miembro de la familia y de todos los sistemas a los que perteneces, además de las creencias y las emociones. Es como un archivo gigantesco al que nada más por ser parte de ese sistema tienes acceso y descargas información. El problema es que descargas mucha información que no te conviene y entonces tu memoria está llena y no hay espacio para guardar lo que te nutre. Formas relaciones tóxicas por lo que descargas de tu herencia familiar invisible.

A algunas personas les cuesta trabajo creer que existe una herencia familiar invisible que influye en su vida. Ésas son personas que han luchado para ser diferentes y tener una vida mejor que la de sus ancestros y que las personas que las rodean. Se han esforzado y tienen pruebas para demostrar que la historia no siempre se repite. Y es que no siempre se repite... igual.

Hay personas que detestan a su familia y tan pronto como pueden se van. He tenido consultantes que se escapan de casa siendo niños, huyendo de la violencia de alguno de los padres. Tratan de hacer su vida totalmente alejados y no sólo en el aspecto físico, también en lo demás. Aprenden otras maneras de vivir, de relacionarse y de comportarse. Tratan de ser amables y amorosos con sus hijos. Con mucho trabajo logran no repetir esos comportamientos.

Por ejemplo, una mujer que sufrió violencia en la infancia logra no ser violenta con sus hijos, pero su hija sufre de bulimia. Aunque aparentemente todo está bien, su hija carga un patrón en el que se hace daño a sí misma. Ella es una madre nutriente y su hija genera una relación tóxica consigo misma, con la comida y con su cuerpo. ¡No entienden por qué! La razón oculta está en la información que guarda la herencia familiar invisible.

Otras veces se repite en un patrón de compensación, esto es, hacer lo que le hubiera gustado al miembro de la familia. Por ejemplo, la abuela no pudo dedicarse a su profesión y se quedó en casa cuidando niños. La nieta, por lealtad a su abuela, se dedica cien por ciento a su profesión y no tiene tiempo para hijos.

Hay personas que se sacrifican por cumplir sueños que ni siquiera son suyos. Como Manolo, que vive confundido y sin dirección profesional. Está conectado subconscientemente con su hermano que murió en un accidente, tratando de compensar. Él no cree que la herencia familiar invisible le afecta y sigue atorado sin crecer.

Hasta ahora te he puesto ejemplos de la familia, pero también los otros sistemas a los que perteneces te afectan. Recuerda que perteneces a un sistema de acuerdo con tu género, el país donde vives, el país de donde vienes si eres migrante, el país de origen de tus ancestros, la profesión que desempeñas, lo que estudiaste, los idiomas que hablas, la religión que practicas, etcétera.

Por ejemplo, en México se tiende a hablar en diminutivo, "por favorcito", "al ratito", "en un momentito". Una amiga mexicana dijo en un restaurante de España con voz dulce: "Disculpe, ¿me regala un vasito de agua?". El mesero español le contestó sin sonreír y manoteando: "No tenemos vasos pequeños. ¿Le sirve este mediano?". Mi amiga se quedó con la sensación de haber sido regañada y el mesero sólo estaba tratando de ser amable. Este tipo de reacciones son culpa de la programación del sistema del país de origen de cada uno.

He trabajado con parejas que pelean mucho y sus problemas matrimoniales tienen que ver con lo que cargan por su género. Ella lucha por los derechos de las mujeres, tratando de que se haga justicia. Si cede, siente que les falla a las mujeres. Él se defiende, luchando por todos los hombres, y ceder en algo sería fallarle a su grupo. Tratan de hacer justicia para su grupo y quieren que exista un equilibrio en la casa. Mientras en el mundo no haya un equilibrio entre los géneros, ¿cómo encontrarán la paz en su hogar? El problema es que no lo ven desde el punto de vista individual, preguntándose qué les gustaría a ellos.

Imagínate que eres mujer, tu pareja te pide algo y en lugar de preguntarte a ti misma "¿qué quiero hacer?" reaccionas desde la historia del grupo de las mujeres que ha sufrido abusos por parte del grupo de hombres. Entonces lo que pensarías podría ser algo como: "No es justo, los hombres siempre se aprovechan de nosotras, ellos nos han oprimido por años y nos han violentado. Ahora me voy a desquitar. Voy a decirle que no a lo que él me pida, lo voy a hacer sufrir como 'ellos' lo han hecho con nosotras, esto lo hago por mí y por todas mis compañeras".

El lema "por mí y por todas mis compañeras" está de moda. Lo usan muchos grupos, sobre todo aquellos donde sus miembros han sido oprimidos. Surge como un grito de justicia, para equilibrar lo que sucede. Es un deseo de sanar, sólo que si está mal dirigido genera ciclos de violencia y peleas. Mejor conserva el deseo de transformarte y de equilibrar las cosas y borra ese lema. Sólo hazlo por ti y deja que tus compañeras o compañeros hagan lo suyo. Nadie puede arreglar lo que les corresponde a los demás. Lo que verdaderamente ayuda es transformar la herencia familiar invisible. Haciendo esto participas creando sistemas saludables y cada miembro tiene la opción de cambiar o no. Es su libre albedrío transformarse o no. Cuando reconoces tus alternativas puedes elegir la mejor.

El problema con las programaciones sistémicas es que el libre albedrío queda eliminado. Cuando te dirigen las programaciones del sistema no haces lo que quieres, haces lo que te dicta el sistema. Sin darte cuenta terminas haciendo, siendo o sintiendo lo que crees que hace feliz a alguien del sistema, sea un miembro de tu familia o de algún otro grupo al que perteneces.

Una lealtad es una programación subconsciente del sistema que te ordena qué hacer. Te conviertes en un títere haciendo lo que necesita tu familia o algún otro sistema al que perteneces. Las lealtades son instrucciones sutiles que sigues sin darte cuenta, como si fueras un robot, lo haces por amor al sistema, sintiéndote muy buena persona. Si no sigues esa orden te sientes muy mala persona y la culpa puede llegar a ser tan grande que no la soportas, entonces vuelves a ser un robot, renunciando así a tus sueños.

Estas programaciones subconscientes o lealtades están grabadas en tu herencia familiar invisible. Ellas son las responsables de que te enredes en relaciones tóxicas. Las lealtades sistémicas están grabadas en un nivel subconsciente, esto quiere decir que las desconoces. Por eso son tan peligrosas, te llevan a reaccionar de formas que te alejan de lo que realmente quieres, de tus metas. Para borrarlas tienes que transformar tu herencia familiar invisible.

¿Cómo transformar tu herencia familiar invisible?

En tu herencia familiar invisible están los reglamentos y las historias de cada una de las personas que forman parte de los sistemas a los que perteneces. Esto te lleva a pensar, sentir y actuar de determinada manera. Para ti, esa manera es lo que consideras "normal" o "natural", ya que las cosas conocidas te parecen "las correctas". Si alguien nace en una familia en la que lo normal son las relaciones tóxicas, está programada para crear relaciones tóxicas. No sabe hacer otra cosa, esas relaciones son "las normales" y por lo tanto es lo que naturalmente le ocurre, sin que ella haga nada especial. Su organización mental y emocional harán que perciba y responda de cierta forma a lo que sucede. Estas maneras de responder la hacen enredarse en dinámicas tóxicas. Para cambiar, necesitas modificar la información que tienes en los reglamentos y las historias de tu herencia familiar invisible. Sólo si te transformas podrás disfrutar de relaciones sanas.

Para modificar tu herencia familiar invisible y poder manifestar relaciones sanas debes realizar los tres pasos de mi método:

1. **Reconocer lo que causa tu problema.** Lo que te lleva a enredarte en relaciones tóxicas es la información que tomaste de todos los sistemas a los que perteneces que te dictan como "normales" y "correctas" este tipo de dinámicas. Mientras sigas creyendo que lo natural es estar con personas que te drenan, seguirás enredándote en ese tipo de relaciones. Reconocer las reglas e historias que te llevan a manifestar relaciones tóxicas es el primer paso.

2. **Identificar lo que te hace falta.** Necesitas reglas diferentes e historias de éxito para crear nuevas maneras de relacionarte. Cuando lo normal es estar con personas que te nutren, es fácil manifestarlo y alejarte de lo demás. Identificar lo que te hace falta para crear relaciones sanas es el segundo paso.

3. **Transformar tu situación.** Eliminas de tu memoria individual aquella información que tomaste de los sistemas a los que perteneces y que te hace daño. Metes en tu memoria individual la nueva información que necesitas para tener relaciones saludables y al hacer esto actualizas la información de todo el sistema. Es como si en una computadora borraras los archivos viejos que tienen datos erróneos y grabaras la nueva información que necesitas para lograr lo que quieres. Luego compartes esa información con todo tu sistema.

Es como hacer una limpieza de tu casa o de tu clóset. Todo lo que no te queda, no te sirve y no te gusta lo tiras o regalas. Te desprendes de lo que te estorba para dejar entrar lo que te llena de alegría. Piensa que es como un détox. Vas a sentirte ligera, en tu mejor versión, sin cargas, siendo quien realmente eres y logrando lo que más deseas.

Si un miembro de la familia ordena su habitación, toda la familia lo disfruta. Si lo que se ordena en la casa es una habitación que varios miembros utilizan, lo gozarán aún más. Si varios miembros de una familia o un sistema ordenan el espacio donde viven, el cambio será impresionante y podrán mantenerlo así porque todos lo desean. Cuando sólo un miembro ordena la casa tiene que mantenerse muy enfocado porque los otros miembros siguen desordenándola. Así funcionan los sistemas, como casas habitadas por muchas personas, con las cosas moviéndose de sitio. ¡Si crees que lo pusiste en un lugar, alguien puede llegar y cambiártelo! Por eso mantente enfocada en lo que deseas lograr.

Imagina una gran escuela en la que remodelan la cafetería y modifican el menú, eliminando platillos y añadiendo deliciosas opciones nutritivas. Todos en la escuela lo notarán y serán afectados, de una u otra manera. Los que se abran al cambio positivo se beneficiarán. Algunos no quieren cambiar. Se acostumbraron y quieren seguir con lo mismo. Ellos se las ingeniarán para seguir igual, tal vez coman en otra cafetería, traigan la comida de casa o le pidan al encargado de la cafetería los platillos de antes. Aquellos que le dan la bienvenida al cambio tomarán el nuevo menú con alegría, aprendiendo a alimentarse saludablemente. ¡Ábrete a cambiar!

De los sistemas a los que perteneces debes tomar sólo aquello que te beneficia. Para hacer esto necesitas reconocer que en tu herencia familiar invisible hay cosas que te están afectando negativamente y tienes que modificar esa información en ti. Al cambiarla en ti la modificas para toda la familia o sistema porque añades una nueva versión actualizada en la herencia familiar invisible. Todos los miembros del sistema ahora tienen acceso a ella. Cuando un miembro del sistema se transforma facilita el crecimiento de todos los demás miembros de ese sistema. Si tú tomas sólo lo que te beneficia estás mostrando a otros miembros del sistema que pueden hacer lo mismo. Cada vez que tú aprendes algo nuevo y creces como persona, lo compartes subconscientemente con todo tu sistema. Al cambiar tú, cambia todo el sistema.

Imagina la herencia familiar invisible (HFI) como una gran nube de información a la que todos los miembros del sistema tienen acceso. Todos ellos meten y sacan información de la HFI continuamente. Lo hacen sin darse cuenta, como sucede cuando se usa un celular. La vida de cada miembro de un sistema es regulada y dirigida por la información almacenada en la HFI. Los miembros del sistema que saben cómo manejar esta información y trabajan conscientemente con ella pueden generar nuevas versiones y añadir actualizaciones en la HFI. Todos los miembros del sistema pueden descargar las nuevas versiones de la HFI que les darán la opción de tener vidas más felices.

El trabajo personal que tú realices ayudará a los miembros de los sistemas a los que perteneces a tener alguna alternativa. Esto significa que al crecer tú también puedes mejorar tu familia y los grupos de los que formas parte. Recuerda que cada persona elige si descarga la nueva versión de la HFI. Sólo las personas que pertenecen a esos grupos y quieren crecer lo harán. Ellas serán las que elijan actualizarse a una versión que los apoye a estar mejor.

Dejas de tener relaciones tóxicas transformando tu HFI con estos tres simples movimientos. Borras la información que te daña, grabas nueva información positiva que te beneficia y tienes nuevas maneras de funcionar. Al final del capítulo aprenderás unos ejercicios para llevarlo a la práctica, ahora enfócate en entender los conceptos.

EXPERIENCIAS DEL PASADO INCONCLUSAS

No son tus experiencias del pasado las que te llevan a sufrir relaciones tóxicas. Lo que te mete en líos son las situaciones que no concluyes. Las experiencias del pasado sólo son un problema cuando siguen molestándote ahora y tendrás relaciones sanas hasta que las resuelvas.

Los "asuntos inconclusos" son experiencias del pasado que siguen presentes en tu vida como una carga pesada. Todo lo que te sigue doliendo ahora y pasó hace tiempo es un asunto inconcluso. Los eventos viejos que están abiertos necesitan cerrarse. Sólo así podrás dejarlos ir. Regresa lo que sucedió a su tiempo y trae paz a tu presente.

Reconoces que algo sigue pendiente cuando al recordarlo te causa una emoción incómoda desmedida. Por ejemplo, si al recordar lo que te sucedió con una expareja te vuelves a enojar, tienes un asunto sin concluir. Esto equivale a llorar cada vez que recuerdas cómo te rompiste un pie. No tiene sentido porque ahora ya no te duele el pie, ¿verdad?

Los asuntos inconclusos te duelen como si estuvieras viviéndolos ahora. Revives el dolor una y otra vez. El sufrimiento no termina. Para disfrutar relaciones sanas debes cerrar tus asuntos inconclusos.

La mayor cantidad de asuntos inconclusos está en la infancia. Ésos son los años que más te marcan porque es cuando estás más "tiernita" y todo se te graba. Lo que experimentas a nivel prenatal

y durante los primeros años de vida queda impreso en tu identi
dad. Lo que escuchas y ves, cómo te educan y lo que te modelan
entra sin filtro. Lo absorbes como una esponja.

Las relaciones tóxicas que sufres ahora pueden tener su origen en heridas del pasado que no han sanado. Posiblemente has
escuchado decir que se elige una pareja igual que la madre o el
padre, dependiendo de con cuál de los dos tienes más heridas
de la infancia. Si con tu padre tienes más asuntos pendientes, tu
pareja será una persona que repita esas mismas dinámicas para
que aprendas las lecciones. Si tienes más asuntos inconclusos con
tu madre, entonces escogerás una persona que te detone lo que
vivías con tu madre en la infancia. Todo esto lo manifiestas de manera sutil, sin darte cuenta, con la meta de cerrar esas situaciones
viejas que necesitas resolver.

Una de mis autoras favoritas es Lise Bourbeau, y en sus libros
habla de las cinco heridas que te impiden ser quien eres:

1. Herida de rechazo
2. Herida de abandono
3. Herida de humillación
4. Herida de traición
5. Herida de injusticia

Te enredas en relaciones tóxicas tratando de sanar las heridas que
tienes. Imagina que tu padre no te aceptó como eras y tú deseas
recibir su aprobación. Entonces te encuentras una pareja pare-
cida a tu padre que tampoco te acepta como eres. Tú te la pasas
tratando de demostrarle que mereces ser aprobada y tu pareja te
desaprueba cada vez más, como lo hacía tu padre. La historia de
tu infancia se repite, sólo que ahora es tu pareja la que te lastima.

Repites la misma escena una y otra vez, tratando de cambiar el final. No va a cambiar el final, aunque repitas la escena, lo que tienes que cambiar es el guion.

En lugar de cambiar el guion repites las historias muchas veces. Aunque la intención es buena, el resultado es que quedas más herida que al principio y con las historias dolorosas todavía más grabadas. La herida crece como cuando quieres arreglar un suéter y lo deshilachas tratando de arrancar un hilito suelto. ¡Tu suéter queda con un gran hoyo! Y tu corazón también...

En los siguientes casos de la vida real entenderás cómo sucede.

Rebeca huye de la vida

Rebeca es una persona solitaria. Cada vez que puede se aísla y huye de las personas porque se siente abrumada con la gente. Las tolera un ratito y luego se escapa a su habitación. Necesita mucho tiempo para estar consigo misma. Cuando está con gente es amable, cuida lo que dice, está tensa y alerta. Realmente es agotador para ella estar con gente y enfrentar las situaciones cotidianas. No tiene ninguna relación íntima. Sus únicas relaciones son laborales, sólo tiene dos "amigas" que son compañeras del trabajo.

Rebeca tiene muchos sueños: desea casarse, tener hijos, ser una bailarina famosa. Sus miedos son demasiado grandes y no quiere arriesgarse a ser rechazada. Vive fantaseando y huyendo de la vida.

Lo que Rebeca no sabe es que cuando ella fue concebida su madre no deseaba tenerla y su padre deseaba un hijo varón. Rebeca sufre la herida de rechazo. Por eso se descalifica, tiene miedo de volver a ser rechazada, es huidiza, evita decidir y arriesgarse. Sus miedos la rebasan y la tienen paralizada en el presente. Si sigue así, sus sueños se quedarán sin cumplir.

A Eugenia la abandonan

Eugenia no logra tener una relación de pareja estable. Cada vez que logra estar en pareja algo sucede y la relación termina. Sus relaciones terminan porque no se comprometen o lo que le dan es insuficiente. Lucha y lucha por tener una relación de pareja plena.

Cuando está en pareja se siente feliz y enamorada. Sus relaciones se vuelven tormentosas porque se aferra a ellas como si fueran su última oportunidad para ser feliz. No reconoce que esta actitud es la causa de más tristezas que alegrías.

Ahora está en pareja y las cosas no van bien. Ni lo acepta como es, ni lo deja ir. Le tiene pánico a la soledad. En este momento prefiere tener a alguien seguro que lanzarse otra vez al vacío sin saber si llegará alguien más. Cada vez está más vieja y cansada de lo mismo. Cree que esta vez no podrá salir adelante sola.

Eugenia sufre la herida de abandono. Se siente indigna. Aunque sus padres estuvieron presentes para criarla no le transmitieron la seguridad de sentirse sostenida y de que la vida era un buen lugar para ella. Ellos tampoco lo sentían y por eso no pudieron dárselo. Eugenia necesita aprender a estar consigo misma y sostenerse.

Sandra lo tolera todo

Sandra no conoce la diferencia entre servir y ser un "tapete" que pisan los demás. Ella quiere que la quieran, sentirse útil y valiosa.

En su propósito de lograrlo, termina rodeada de personas que abusan de ella y de su buen corazón.

Se queda en la oficina mucho más tarde que sus compañeros y cada vez que hay un ascenso se lo dan a alguien más. Su esposo tiene una amante y ni siquiera intenta ocultarlo. Sus hijos le hablan sólo para pedirle dinero o que les prepare algo especial de comer. Es la encargada de cuidar a sus padres enfermos, escuchar los problemas de sus amigas, atender a los invitados en las reuniones.

Siempre está al pendiente de los demás. Ése es su lugar. Atiende las necesidades de las personas que la rodean para que la quieran. Por eso se encarga todos los días de mantener la casa limpia, la ropa ordenada en los armarios y la cocina llena de las comidas favoritas... de los demás.

Sandra sufre la herida de humillación. De pequeña sufrió abusos de todo tipo, está llena de vergüenza, se siente inadecuada y cree que no merece amor. No siente que vale por lo que es, sólo tiene algún tipo de valor por lo que hace. Se esfuerza tanto por complacer a los demás para poder sentirse valiosa, para que la vean y le den ese respeto y aprecio que tanto necesita. Sin embargo, lo que recibe es más abuso.

Verónica no confía

Verónica es tan capaz y perfeccionista que le cuesta trabajo encontrar personas en quienes delegar y que hagan las cosas como a ella le gusta. Cuando su esposo maneja le va diciendo el camino que debe seguir. Necesita saber dónde están sus hijos mayores de edad para asegurarse de que todo está bien. Controla lo que sucede y se impacienta cuando no sabe lo que pasa. Se preocupa constantemente. Ante un problema, ella decide lo que hay que hacer y les da órdenes a todos, hasta a sus padres. Lo hace porque los quiere y sin darse cuenta. Ella es así, cuando algo o alguien le importa, controla. Necesita hacerlo porque no confía en que las cosas van a salir bien. No confía en nadie.

Verónica sufre la herida de traición. En el pasado personas importantes traicionaron su confianza y ahora está hipervigilante. No puede relajarse ni arriesgarse a que le vuelvan a fallar. Evita ser lastimada. Si no se ilusiona, nadie la puede desilusionar.

Susy se estresa

Susy vive estresada. Tiene un carácter introvertido y se guarda las cosas. Su cuerpo está tenso y rígido. El cuello se le tuerce y la espalda está muy contraída. Toda ella es una bolita de nervios contenidos.

Quiere hacer las cosas tan bien que sobreanaliza. Se tarda en tomar decisiones porque no quiere equivocarse y luego se queda dudando de haber tomado la decisión correcta.

Tiene muchas razones para estar estresada, pero en lo profundo es una sola: se exige más allá de sus límites.

Susy sufre la herida de injusticia. A ella le exigían demasiado de pequeña. Ocupó lugares en la familia que no le correspondían y asumió tareas que deberían haberles tocado a sus padres o hermanos mayores, pero ellos no se hicieron cargo. Ahora Susy no puede relajarse y disfrutar.

¿Papá y mamá tienen la culpa?

La mayor cantidad de heridas de la infancia tiene que ver con papá y con mamá o con las personas que te criaron. El problema no radica en cómo fue tu infancia ni en cómo te hayan tratado tus padres o las personas que te cuidaron. El verdadero problema está en qué tan capaz eres de sanar tus heridas de la infancia.

Una persona que tiene la capacidad de sanar puede vivir cosas horribles y salir adelante. Una persona que no puede reponerse de los golpes de la vida no se levanta. En el camino de vida hay muchas piedras y hay personas que se quedan tiradas con las que se encuentran. El tema no es cuántas piedras hay en tu camino, ni cuántos baches tienes que brincar para llegar a tus metas. Enfoca tu atención en la capacidad que tienes para transformarte. Hay personas que se tropiezan con las piedras y otras que las utilizan para construir algo maravilloso. ¿Tú qué tipo de persona eliges ser? Las piedras ahí están, tú decides cómo vas caminando por la vida, tropezándote o construyendo.

Una persona que construye es la que decide tomar la responsabilidad de cambiar el presente, aunque su pasado haya sido muy doloroso. Si deseas construir, tienes que dejar de hacer lo que has hecho hasta ahora. Sólo así podrás lograr un cambio en tu presente. Al caminar diferente dejarás de tropezarte con las piedras de tu camino. Estas piedras son las relaciones tóxicas de tu vida.

Repites las mismas historias hasta que aprendes la lección. Si aprendes más rápido te ahorras mucho dolor. Lo que es no negociable es aprenderlo. Así funciona la vida. Por eso te sugiero que aprendas tus lecciones rápido y fácil.

El primer gran paso para cerrar tus asuntos inconclusos es asumir la responsabilidad de sanarlos. Tú tienes que cerrarlos, nadie puede hacerlo por ti. Si tienes un asunto pendiente con alguien y estás esperando que esa persona cambie, vas a estar esperando mucho tiempo. Si tu mamá o tu papá no te dieron lo que necesitabas en el pasado, lo más probable es que tampoco lo puedan hacer ahora. Tienes que responsabilizarte tú de concluir lo que tienes pendiente para poder avanzar.

Hay personas que culpan a sus padres por lo que viven ahora. Un hombre de cincuenta y tantos años se dedicó a llorar y despepitar contra su madre durante toda la sesión de terapia. Cada vez que yo intentaba regresar su atención a él mismo, a su vida presente, a lo que él quería lograr, él prefería seguir culpando a su madre. Su madre ya estaba muerta y él seguía sufriendo "por culpa de ella".

No vas a poder cambiar a tus padres. Tus padres son lo que son, así te tocaron. Nadie te los puede cambiar, ni puede cambiar lo que sufriste con ellos. Acéptalo. Avanza. Usa tu energía y tu tiempo cambiando tú. Si tú cambias, dejará de afectarte de esa manera lo que ellos te hayan hecho, por muy terrible que haya sido.

Éste es un tema muy importante. ¿Cuántas personas hay quejándose de sus padres y cuántas hay agradeciéndoles la vida? ¿Eres del equipo de las quejumbrosas o de las agradecidas? Recuerda que puedes brincar de la queja a la gratitud en un segundo. ¿Cuánto tardas en decir la palabra *gracias*? Así de rápido transformas una queja en una solicitud. Diciendo la palabra *gracias* tres veces, con toda la intención de agradecer, transformas tu actitud y empiezas a soltar ese resentimiento viejo. ¡Empieza de una vez!

En mi canal de YouTube hay muchos videos acerca de las relaciones con los padres. Hay varios comentarios de personas quejándose de sus padres, muchos comparten sus experiencias dolorosas del pasado, que son terribles en algunos casos. Quejarse sirve para desahogar el dolor del momento. Cuando te pasa algo, quéjate, llora, grita y haz lo que necesites para sacar lo que sientes. Hazlo en el instante que te duele, cuando está sucediendo. Quejarte de lo que te hicieron tus padres hace 30 años... ¿de qué te sirve?

Si todavía te duele lo que te hicieron o te hacen tu mamá o tu papá, necesitas ir a terapia. Tienes un asunto inconcluso y si no lo sanas tendrás relaciones tóxicas, con ellos y con otras personas tratando de resolver lo que no puedes resolver con tus padres. Repetirás la historia una y otra vez tratando de cambiar el final. Si ya vas a terapia o ya has ido a terapia... pues no te ha servido. Ve a otra terapia, con otro terapeuta o con otra actitud. Trabaja tus asuntos de fondo asumiendo tu responsabilidad. Reconoce el dolor que hubo y quítatelo de encima. Deja de ser una niña pequeña. Eres una persona adulta, un ser absolutamente maravilloso y no necesitas de tus padres para sanar esos asuntos. Lo puedes y debes hacer tú. ¡Ya no dependes de ellos!

Para tener mucha energía y poder seguir adelante hacia tu vida debes agradecer la vida que te llega a través de tus padres. Si los culpas de lo que te sucede cortas el flujo de vida hacia ti. Mientras más agradeces la vida que tienes, más bendiciones te llegan.

Si tus padres fueron terribles contigo cuando eras pequeña, agradéceles la vida y déjalos cargar su responsabilidad. Tú no eres la encargada de hacer justicia ni de hacerles ver sus errores. Es problema de ellos si aprenden o no sus lecciones. Si tus padres son groseros contigo en el presente, no los tienes que ver. Maneja la distancia que necesitas ahora. Esto lo puedes aplicar a todas las personas importantes de tu infancia, a miembros de tu familia, a personas que fueron las responsables de tu cuidado y de tu bienestar. Ahora tú decides lo que necesitas y deseas. De niña no podías, pero ya no eres una niña, eres una persona adulta que decide lo mejor para sí misma.

¿Vives en el presente o en el pasado?

Si una persona se sigue quejando de lo que ha vivido, no puede poner su energía en el presente. Toda la atención estará en el pasado y en el dolor de lo que le sucedió. Por más que se queje y aunque sus reclamos estén justificados, no puede cambiar lo que sucedió. Ya pasó. Hay que soltar para avanzar.

Las personas pierden un montón peleando con lo que ya pasó. Borra de tu vocabulario la palabra *hubiera*. El "hubiera" no existe. Si algo que no te gusta ya sucedió, ¿cómo lo vas a cambiar? Mejor pregúntate ¿cómo puede mejorar ahora? Y enfócate en eso.

Si cometiste un error, perdónate. Reconoce que te equivocaste, aprende la lección y enfócate en mejorar. Usa tu tiempo y energía haciendo las cosas mejor en el presente.

Cuando las personas viven en el pasado se la pasan recordando lo que sucedió, pensando en todas las opciones que podrían haber ocurrido en lugar de lo que realmente pasó, dándole mil vueltas a lo sucedido. Son personas que terminan una relación y regresan. Vuelven y pelean. Repiten historias como si fueran discos rayados. Hasta ellas se aburren de lo mismo, pero no saben cómo dejar de hacerlo.

Yo le llamo a esto situaciones yo-yo (el yo-yo es un disco de plástico o madera que tomas con tu dedo medio con un hilo y lo haces subir y bajar). Si estás en una situación así, vas para adelante y para atrás. Según tú, estás avanzando, según los demás, sólo estás jugando.

La idea de cambiar el pasado es tan atractiva que son muchas las películas y series de televisión con el tema. En ellas las personas viajan en el tiempo y se la pasan cambiando lo que ocurre. Van y regresan, cambiando sus comportamientos, probando lo que tienen que hacer para que les salgan las cosas como quieren. Lo que he notado es que mientras más tratan de cambiar algo que pasó, las cosas les salen todavía peor de lo que estaban. Cada vez se van complicando y enredando hasta que lo que sucedió la primera vez, aquello que les parecía tan terrible en un principio, resulta no ser tan grave.

Todo es cuestión de perspectiva. El dolor que sientes en el presente depende de cómo percibes tu pasado y de las expectativas que tenías. Tenías un plan, no te salió, sigues lamentándote por eso. No lo sueltas. No te perdonas. No avanzas. Regresas al pasado tratando de corregirlo. Vueltas que no sirven para nada. Estás como un yo-yo.

Si se puede reparar un error, hazlo. Si no se puede, aprende a superar lo que ya pasó. Si te pasaron cosas muy difíciles, cosas que no superas, eventos o situaciones que tienen más de un año y te siguen doliendo ¿qué esperas para ir a terapia? Estás perdiendo lo más valioso que tienes: tu vida.

Mereces superar lo que te duele. Tienes que cerrar tus asuntos inconclusos para dejar de repetir esas historias dolorosas. Si tus asuntos siguen sin cerrarse atraerás el mismo tipo de personas que te detonarán las mismas reacciones y repetirás los mismos guiones. ¿No estás aburrida de lo mismo?

NECESIDADES NO SATISFECHAS

Vas a repetir las mismas historias dolorosas hasta que tus necesidades estén satisfechas. Tus necesidades te llevan a crear relaciones para recibir lo que te falta. Estas necesidades no satisfechas son el pegamento que te inmoviliza en las relaciones tóxicas que sufres ahora. Pon mucha atención para que puedas "despegarte" y liberarte.

Una necesidad es algo necesario e indispensable. Una necesidad no es opcional, tiene que ser satisfecha para que te sientas bien. Si existen necesidades no satisfechas te sientes mal. Como lo natural es querer sentirse bien, vas a hacer todo lo posible para satisfacer tus necesidades. Una necesidad es algo que debe ocurrir, no es un capricho ni un berrinche.

Cuando hay una necesidad y no se satisface queda un hueco. Ese hueco debe ser llenado. Imagina que tienes hambre, mucha hambre. Yo no puedo dormir cuando tengo hambre. Puedo estar dando vueltas en la cama, tratando de hacer a un lado la sensación de hambre. A veces el cansancio me vence después de mucho rato, pero lo más fácil es satisfacer mi necesidad y comer algo. El hambre se quita y me duermo de inmediato.

Atender tus necesidades es lo que tienes que hacer para estar bien. Sin embargo, la mayoría de las personas se pone a dar vueltas, como le hago yo en la cama con hambre. ¿Por qué no me levanto para comer? Por flojera, porque creo que en un ratito se me pasa, porque no me parece tan importante. Pospongo algo que podría satisfacer en minutos y pierdo valioso tiempo de mi sueño.

Cada persona responde diferente ante sus necesidades. Tienes que aprender a observarte y reconocer cómo tratas las tuyas.

Mientras sigas negando tus necesidades las dejarás insatisfechas. Esto genera hábitos que te dañan. El daño que te causan depende del tipo de necesidad que sea y de la importancia que tienen para tu bienestar.

Las personas más saludables y evolucionadas satisfacen sus necesidades en todas las áreas.

¿Cómo te cuidas?

Es importante que reconozcas en qué área estás fallando para satisfacerte. Califica cómo atiendes cada una de tus necesidades. Al final de cada sección haz un autoanálisis y obtén un promedio reconociendo cómo te atiendes en general. El objetivo de esta evaluación es que hagas conciencia y te des cuenta de cómo te cuidas. Observar una lista de algunas de tus necesidades por área te ubica en qué tan satisfecha te encuentras en tu vida y qué tanto reconoces lo que necesitas.

NA = no te atiendes
S = te atiendes suficiente para sobrevivir
B = te atiendes bien, estás aprendiendo a amarte
MB = te atiendes muy bien, te amas y te cuidas

NECESIDADES FISIOLÓGICAS (las básicas para vivir)	NA	S	B	MB
¿Respiras profundamente?				
¿Te hidratas suficiente?				
¿Te alimentas bien? (sin atracones ni malpasarte)				
¿Duermes y descansas suficiente?				

¿Eliminas tus desechos corporales?				
¿Evitas el dolor?				
¿Mantienes tu temperatura corporal?				
¿Tu vivienda es adecuada y te protege?				
¿Cómo cuidas tus necesidades fisiológicas?				
NECESIDADES DE SEGURIDAD Y PROTECCIÓN	NA	S	B	MB
¿Tienes lo que necesitas a nivel material?				
¿Qué tan segura te sientes con lo que tienes?				
¿Te sientes a salvo?				
¿Tus bienes y activos están protegidos?				
¿Vives con dignidad?				
¿Cómo cuidas tus necesidades de seguridad y protección?				
NECESIDADES SOCIALES	NA	S	B	MB
¿Tienes amigos?				
¿Eres incluida en los grupos?				
¿Te sientes aceptada por los demás?				
¿Sientes que perteneces?				
¿Tu vida sexual te satisface?				
¿Cómo cuidas tus necesidades sociales?				
NECESIDADES DE ESTIMA	NA	S	B	MB
¿Confías en ti?				
¿Te sientes capaz y competente?				
¿Logras lo que quieres?				
¿Eres independiente?				

¿Por qué te involucras en una relación tóxica?

¿Eres libre?				
¿Te atiendes y cuidas?				
¿Te aprecias y amas?				
¿Te reconoces?				
¿Cómo cuidas tus necesidades de estima?				
NECESIDADES DE AUTORREALIZACIÓN (las que le dan sentido a tu vida)	NA	S	B	MB
¿Te consideras una persona centrada?				
¿Utilizas el sentido del humor?				
¿Toleras la presión social? ¿Puedes decidir por ti misma, aunque otros te presionen?				
¿Te aceptas a ti misma?				
¿Aceptas a los demás?				
¿Eres creativa, inventiva y original?				
¿Vives con intensidad tus experiencias?				
¿Te diviertes?				
¿Disfrutas de la belleza?				
¿Te consideras una persona íntegra?				
¿Eres autosuficiente?				
¿Mantienes la simplicidad?				
¿Te rodeas de ambientes que te enriquecen?				
¿Qué tan realizada te sientes?				
¿Crees que tu vida tiene sentido?				
¿Cómo cuidas tus necesidades de autorrealización?				

Observa tus resultados y pregúntate:

- ¿Reconoces lo que necesitas en todas las áreas?
- ¿Qué tan bien atendidas están tus necesidades?
- ¿Cómo puedes mejorar?

Cuando las necesidades no son cubiertas queda un hueco que necesita llenarse de alguna manera. Mientras más necesidades no satisfechas tiene una persona, más huecos tiene. Estos huecos son como imanes para generar relaciones tóxicas porque te pegas como lapa a lo que crees que puede llenar tus necesidades.

Ser una persona necesitada no te permite ver a las personas como son, las miras como si fueran a llenar tus huecos y estás tan desesperada por hacerlo que es lo único que te importa. Es como ir al súper con hambre, compras lo que no te conviene, compras con desesperación. Tus necesidades no satisfechas nublan tu sabiduría y no te permiten tomar decisiones inteligentes.

La mayor parte de tus huecos no son del momento presente, vienen de tu infancia. Puede ser que ahora ya tengas todo para sentirte satisfecha, sin embargo, los huecos están ahí porque tienes que llenar tus necesidades antiguas. Necesitas conectarte con la parte tuya que se quedó atorada en el pasado, ver lo que le hace falta y dárselo.

Las necesidades insatisfechas y los asuntos inconclusos se conectan cuando tus necesidades no satisfechas son del pasado. Esto es lo que hace que todo se vuelva muy confuso. Mezclar el pasado con el presente te lleva a tener reacciones que no tienen nada que ver con lo que pasa ahora.

Cuando mezclas tus necesidades no satisfechas del pasado con tu presente:

- Te quedas toda la noche trabajando en un proyecto, lo presentas en la junta, tu jefe no te felicita, le da atención a otro proyecto y tú te lo tomas muy mal, te sientes totalmente destrozada.
- Te enteras de que unas amigas organizaron un plan sin avisarte. Llevas semanas sin dormir pensando en las razones de la exclusión. Ellas te dicen que "se les pasó", se disculpan, pero tú no lo sueltas.
- Estabas platicándole a tu pareja un asunto que para ti es muy importante y te das cuenta de que no te está poniendo atención. Llevas enojada cinco días.

Recibir aprobación y reconocimiento de un jefe, ser incluida en el grupo de amigas, ser escuchada por una pareja son necesidades sanas. El problema en estos ejemplos es que la reacción es desproporcionada y no corresponde a lo que sucede. Cuando lo que pasa y lo que tú sientes al respecto no cuadran, puedes suponer que hay algo del pasado que no está resuelto. Tu necesidad no satisfecha te muestra un asunto que no has concluido.

Por eso, hay personas que intentan llenar sus necesidades, pero parecen un "barril sin fondo". Las heridas abiertas del pasado hacen que sus necesidades sean demasiado altas y nada ni nadie las satisface. Por más que reciben siguen sintiéndose insatisfechas.

Cuando hay heridas del pasado abiertas, las necesidades te desbordan y buscas solucionarlo de dos maneras que son opuestas:

- Aparentas que no estás demasiado necesitada y apagas tus necesidades completamente. Esto lo haces porque cada vez que conectas con tus necesidades del presente se te cuelan las necesidades no satisfechas del pasado y te abrumas.

Entonces decides apagarlas por completo como un mecanismo de defensa.

- Estas muy *needy*, o sea, les subes el volumen a tus necesidades con la esperanza de que sean satisfechas por completo. Se les dice *needy* a las personas demandantes, que piden mucho, y que cuando se los dan, quieren más.

A veces al abrir tu corazón a los demás sientes el vacío de amor que había estado oculto. Sucede de la misma manera que con la comida: si llevas mucho tiempo sin comer se te pasa el hambre, pero al oler comida te das cuenta del hambre que tienes y no sentías por estar ocupada en otras cosas. Comer siempre lo mismo limita la experiencia y te desnutre, tienes que variar tu alimentación para estar bien. Cuando empiezas a comer mejor te das cuenta de la diferencia y reconoces lo que no estabas recibiendo antes. Lo mismo pasa cuando te vinculas con otros, al recibir amor y compañía vas a reconocer tu necesidad de estar conectada con los que te rodean.

Hay personas que funcionan perfectamente bien en su vida mientras nadie les guste demasiado ni "les mueva el tapete" y ante la posibilidad de una relación romántica se vuelven ansiosas y necesitadas de amor. Esto sucede porque al enamorarte se destapa el vacío que hay en tu corazón por ser amada. Te habías adaptado a vivir así, creías que estabas sanada y al momento que llega una persona por la que sientes amor aparece tu gran necesidad. Entonces brinca todo lo que hay pendiente. Cuando eres una persona necesitada tratas de obtener de otros lo que te fue negado antes. El problema es que generalmente atraes a personas que carecen de las mismas habilidades para amar que los que te cuidaron en tu infancia y el patrón se repite. Duplicas las mismas dinámicas destructivas e hirientes, tratando de llenar tus necesidades no satisfechas, haces lo mismo y esperas un resultado distinto.

Todos estos procesos asustan mucho a algunas personas y por eso apagan sus necesidades por completo. El miedo al dolor las lleva a preferir cerrarse al amor a relacionarse con los demás y cada vez que lo medio intentan vuelven a caer en una relación tóxica. Así están en un ciclo vicioso del cual no pueden salir.

¿Qué es lo que realmente causa tanto dolor? No es lo que te pasa ahora con las personas del presente. Lo que pasa ahora te recuerda lo que sucedió en tu pasado. Pero si tu pasado, ya pasó… ¿por qué es tan grande el dolor ahora? Las historias del pasado te siguen doliendo cuando tus necesidades siguen sin ser satisfechas. Cuando intentas que las personas de ahora te lo den y vuelve a pasar lo mismo, te dan un golpe en el mismo sitio, exactamente donde ya estabas lastimada. Por eso te duele tanto.

No significa que tus necesidades están equivocadas, lo que quiere decir es que estás tratando de satisfacerlas de una manera inadecuada. Aun cuando alguien desee proveerte con lo que te hizo falta en tu infancia, te seguirás sintiendo insatisfecha mientras la herida original no sane. No importa cuánto te amen, tu corazón estará vacío otra vez, demandando más amor porque eres un "barril sin fondo". Si tu corazón tiene hoyos, por más que alguien lo llene de amor no lo puedes conservar y pides más. Tienes que cerrar esos hoyos primero, para que el amor que recibes se te quede adentro, y eso lo logras sanando las necesidades no satisfechas del pasado.

¿Cómo sanas tus necesidades no satisfechas del pasado?

El primer paso es aceptar que cuando algo te hizo falta no lo recibiste. Luego tienes que renunciar a que las personas que están ahora en tu vida sanen tus heridas y llenen tus necesidades del pasado. Eso te toca a ti. A las personas de tu presente les toca satisfacer las necesidades del presente. A ti te toca satisfacer las necesidades del pasado. Nadie más puede llenar esas necesidades, sólo puedes sanarte tú. Tienes que aceptar y estar dispuesta a darte a ti misma lo que no obtuviste de los que te cuidaron. Si no lo aceptas seguirás fantaseando en que llegue alguien y lo haga por ti. Ese alguien es tu príncipe azul o princesa rosa que llegará a rescatarte y te dará todo lo que te hace falta. Deja ir esta fantasía y comprométete a llenar tus necesidades insatisfechas de la infancia.

Hay cosas que debías haber aprendido de tus padres mientras crecías. Hay cualidades que idealmente aprendes del padre y hay cualidades que idealmente aprendes de la madre. No las tienes que recibir de tu padre o de tu madre, pero las necesitas recibir mientras creces y te conviertes en una persona adulta. Hay personas que reciben cualidades paternas y maternas de un maestro de escuela, de una abuela, de la nana, de los tíos, tutores, etcétera. A veces sólo te cría uno de tus padres y te puede dar ambas, las cualidades del padre ideal y las de la madre ideal. No importa el género de la persona que te cría, lo verdaderamente importante es que tú integres esas cualidades.

Las cualidades que aprendes de un padre ideal son:

- Protección amorosa
- Bienestar financiero

- Valores
- Manejo de la autoridad y liderazgo
- Toma de decisiones
- Instrucción de cómo navegar por el mundo externo

Las cualidades que aprendes de una madre ideal son:

- Amor incondicional
- Seguridad
- Nutrición
- Protección maternal
- Contacto amoroso
- Apoyo y estímulo para lanzarte al mundo

Cuando estas cualidades de amor parental se demuestran consistentemente una y otra vez, las interiorizas. Se convierten en los recursos internos a los que puedes acceder en caso de necesidad. Es esta falta de recursos internos la que te hiere y buscas obtenerlos afuera. Eres una adulta con una niña pequeñita dentro de ti, la "niña herida", que toma las riendas de tu vida y te hace berrinches. Por eso a veces te saboteas y vas en dirección contraria a tus metas.

Para sanarte puedes convertirte en tu padre o madre ideal, enseñándole a tu pequeña niña interna para que aprenda e incorpore los recursos que le hacen falta. Es el momento de darte a ti misma lo que estás esperando que alguien llegue a darte. No necesitas a nadie para hacerlo.

Por ejemplo, si durante tu infancia descuidaban tus necesidades de alimentación y no sabías cuándo ibas a comer y qué ibas a recibir, vas a convertirte en tu madre ideal y te alimentarás saludablemente. Si no sabes cómo llevar una alimentación saludable puedes leer libros, tomar algún curso o asistir a consulta con un nutriólogo. Ahora eres una adulta y puedes buscar los apoyos concretos que te hagan falta, haciéndote responsable de cuidarte. Si no te protegían y estabas rodeada de personas que te causaban daño, ahora puedes reconocer quiénes son buenas compañías para ti y convertirte en tu padre ideal dándote permiso para relacionarte con aquellos que te benefician. Si todavía no sabes distinguir quién te beneficia y quién no, puedes buscar ayuda psicoterapéutica para explorar el tema.

Como adulta puedes buscar y recibir el apoyo concreto en los temas o áreas que necesitas cultivar. Esto es muy diferente a buscar mamás y papás ideales por el mundo. Si buscas en los demás a tus padres, van a desilusionarte igual que te pasó con ellos. Eres la única que puede llenar tus necesidades de la infancia con los apoyos adecuados. Estas necesidades son como facturas vencidas que no le corresponden pagar a la persona que llega a tu vida ahora. Imagina que te sientas en una mesa de restaurante a comer y lo primero que hacen es traerte la cuenta. El restaurante te gusta, pero ¿estarías dispuesta a pagar por la comida de los que estaban sentados antes que tú?

Hasta ahora te he hablado de las antiguas necesidades, aquellas que te rebasan porque son asuntos pendientes de la infancia y que no les corresponde llenar a las personas que están en tu vida ahora. Sin embargo, también hay otras necesidades que tienen que ver con tu presente. Muchas de éstas pueden ser satisfechas por ti misma, pero cuando se trata de necesidades actuales necesitas recibir de los demás. Está tan de moda el término codependencia que algunos se confunden y piensan que lo saludable es ser cien por ciento independiente, cerrándose a pedir y a recibir.

Tienes que separar las necesidades "viejas" de las actuales porque no son lo mismo. Tú estás a cargo de satisfacer tus necesidades "viejas" y lo podrás hacer con los ejercicios que te doy al final de este capítulo. Las necesidades del presente son "otro rollo".

Las necesidades del presente

Es adecuado esperar recibir lo que te nutre de las personas que te rodean. Eres un ser interdependiente, esto quiere decir que eres independiente en algunos aspectos y dependiente en otros. Hay cosas que puedes satisfacer por ti misma y hay cosas que necesitas recibir de los demás. Esto es maravilloso, ya que con cada intercambio creces y aprendes. No puedes vivir bien sin recibir de los demás.

Algunos piensan que necesitar a los demás es algo negativo y se muestran muy independientes y autosuficientes para que nadie vea su necesidad. Esto es muy triste, pues los seres humanos necesitan de otros seres humanos. Todos necesitan sentirse conectados, valorados, cuidados, respetados, y estas experiencias se dan en la relación con los demás. No puedes darte todo lo que necesitas sola. Es irreal.

Por desgracia, hay personas que piensan que sí es posible. He recibido consultantes muy lastimados creyendo que eran inadecuados por sus necesidades. Creían que estar saludable es no necesitar nada de nadie. Querer recibir de los demás es saludable. Aferrarte a que una persona específica te dé lo que necesitas no lo es. Hay aspectos que sólo pueden ser satisfechos en tu relación con los demás. Hay necesidades que tienes que llenar por ti misma.

Los seres humanos no están hechos para vivir aislados. Están hechos para vivir en relaciones. En lugar de tratar de deshacerte de tus necesidades de amor, amabilidad, respeto y pertenencia, tómate en serio y reconoce tus necesidades. Es importante que identifiques lo que necesitas. Saber lo que necesitas es el primer gran paso para satisfacerlo.

Cuando tú te conoces y sabes lo que es importante para ti puedes vincularte con aquellas personas que van a satisfacer tus necesidades. Es apropiado entrar en una relación con la intención de recibir lo que necesitas. De igual manera, debes estar dispuesta a dar y ver por las necesidades de la otra persona. Las relaciones son intercambios sanos cuando te nutren, tóxicos cuando te drenan.

Si tú quieres que atiendan tus necesidades y no ves por las del otro, será una relación tóxica porque estarás tomando sin dar. Si sólo atiendes las necesidades de la otra persona y tú quedas insatisfecha estarás dando sin recibir. Toma en cuenta tus necesidades de conexión, amor y pertenencia, permítete estar sin defensas y accesible a recibir.

¿Qué tan dispuesta estás a tomar tus necesidades en serio? Sólo si tomas en serio tus necesidades los demás las escucharán y atenderán. Al honrar tus necesidades pedirás lo que te hace falta. Esto suena fácil, pero para muchos es bien complicado. Primero tienes que reconocer tus necesidades. Al evaluar cómo te cuidas te diste cuenta de qué tan bien las reconoces y las atiendes. Tienes que estar en contacto con tu cuerpo y sentir lo que te pide. Estar en el presente, contigo misma, sin perderte en lo que te rodea, sin ir hacia el pasado o el futuro. Una vez que sabes lo que necesitas debes expresarlo en voz alta a la persona que te lo puede dar.

Cuando tú pides lo que deseas la otra persona puede dártelo o no. Pedir es una solicitud, no es una orden. Por eso hay personas que tienen tanto miedo de pedir. Cuando pides no sabes si te lo van a dar. Es un riesgo. Puedes recibir una negativa y para muchos eso equivale a ser rechazados. Si tienes muchos huecos, y tienes una necesidad insatisfecha de aceptación, te cuesta trabajo pedir lo que quieres. Arriesgarte a recibir un "no" te paraliza, el miedo al rechazo te congela.

Pregúntate, ¿es tan grave que te digan que "no"? Si esa persona no quiere o no puede dártelo, puedes buscar otras maneras de satisfacer tu necesidad. El "no" ya lo tienes cuando te paralizas y no pides nada. Si pides, puedes recibir. Si no pides, no recibes.

Si te aferras a que una persona específica te dé lo que quieres, te metes en un lío. Tienes que arriesgarte a recibir un "no" y desapegarte del cómo lo vas a recibir. Tú pídelo, si te dicen que no, sigue pidiendo en otros lados y los caminos se irán abriendo para ti. Tus necesidades tienen que ser satisfechas, esto no es algo negociable. Lo que puede ser negociable es cómo se satisfacen y es ahí donde está la solución. Si te flexibilizas en las maneras de recibirlo, sucede más fácilmente.

Ahora, ¿qué tan dispuesta estás a tomar las necesidades de las otras personas en serio? Las relaciones son una carretera de dos sentidos, das y recibes. Las relaciones en las que sólo uno de los miembros es satisfecho no funcionan bien. Reconoce tus necesidades, las de los demás y encuentra maneras de que haya satisfacción para los involucrados. De otra forma estás participando en relaciones tóxicas, y esto te daña a ti tanto como al otro.

Amar tiene que ver con nutrirte y nutrir a los demás. Tú necesitas cosas de las personas que hay en tu vida y las otras personas también necesitan cosas de ti. Al aceptarlo podrás disfrutar de tus relaciones con los demás. Escuchar y atender tus necesidades no significa dejar de escuchar las necesidades de los demás. No tienes que elegir. Ésa es una creencia limitante, que es otra de las razones por las que generas relaciones tóxicas.

Puedes escuchar tus necesidades, pedir lo que necesitas y recibirlo. También puedes escuchar las necesidades de los demás y dar lo que les beneficia a ambos. Estas relaciones son ganar-ganar; aprenderás más sobre esto en los siguientes capítulos.

Escuchar las necesidades de los demás no te obliga a hacer lo que ellos quieren. Puedes escuchar lo que los demás quieren y luego checar contigo misma si quieres hacerlo. Tú decides qué quieres dar y de qué manera lo vas a hacer.

Dar también es una necesidad. Necesitas sentirte útil y valiosa; esto lo logras dando lo que nutre a los demás. Así que dar lo que hace feliz al otro también llena una necesidad personal. Por eso escuchar tus necesidades y las de los demás, y satisfacerlas, crea relaciones ganar-ganar.

Empieza a crear relaciones donde las personas estén dispuestas a darte lo que quieres y puedan responder amorosamente hacia ti. Pide lo que necesitas y deja ir las relaciones con aquellas personas que no son amorosas contigo. Cambia tú en lugar de quedarte esperando que los otros cambien. Al transformarte y tratarte con amor podrás decidir a quién abrirle tu corazón y a quién no. Hasta que tú tomes total responsabilidad de lo que quieres y necesitas en una relación vas a atraer a las personas que te lo pueden dar.

CREENCIAS LIMITANTES

Las creencias limitantes son todos los pensamientos que te impiden alcanzar tu potencial y tus sueños. Son ideas que son ciertas sólo en tu mente y te predispones para que eso ocurra. Es la manera en que percibes la vida, las personas, todo lo que te rodea y que está bloqueando tu expansión.

Las creencias limitantes te llevan a crear relaciones tóxicas y a quedarte atrapada en ellas. Cuando estás en una dinámica tóxica, en lugar de reconocer lo que sucede y actuar en tu beneficio te dejas guiar por tus creencias limitantes. En lugar de escuchar tu sabiduría escuchas a tu mente diciéndote cosas tipo: "no hay nada más a que aspirar", "así funciona el amor", "no mereces tanto", "eres muy exigente", "tienes que aguantarte", "no vas a poder sola", "calladita te ves más bonita", por nombrar algunas.

Tus creencias limitantes te hacen interpretar la realidad de una manera errónea, desconectándote de la verdad y de quién eres. Por eso una creencia limitante es un obstáculo para avanzar en tu camino de vida. En lugar de seguir tu intuición e ir hacia lo que deseas, haces lo que te dicen tus creencias limitantes. Tus creencias son los guiones de tus historias de vida. Si quieres modificar lo que vives tienes que cambiar tus creencias y borrar todas las que te limitan.

¿Cómo se construyen las creencias limitantes?

Tus creencias más arraigadas vienen de la infancia, de tus primeros años de vida. Tu entorno familiar, la escuela, los que te criaron, tus amigos y todos los que convivían contigo fueron transmitiéndote sus ideas acerca del mundo, acerca de cómo es la vida y de quién eres tú. Absorbiste todas estas creencias sin filtro.

Posiblemente has escuchado el cuento de Jorge Bucay "El elefante encadenado", en el que el elefante adulto no se deshace de una débil cadena porque de pequeño aprendió que no era capaz de hacerlo. Así pasa con las creencias limitantes. Aprendes algo en la infancia, en ese momento te pareció verdad, de adulta ya ni siquiera lo compruebas.

De niña podrías haber sido torpe, distraída o desordenada. Ahora podrías cambiarlo, si lo deseas. De niña podrías haber sido la más obediente, la que no rompe ninguna regla, la que hace lo que le dicen, aunque no quiera. De adulta sigues siendo la misma. ¿Quieres ser así? Muchas personas ni siquiera se lo cuestionan.

A lo largo de toda tu vida vas adoptando creencias, no sólo en la infancia. Aprendes creencias nuevas de muchas maneras, entre ellas:

- Tus experiencias de vida
- Personas en las que confías y a las que les das autoridad
- Tus juicios morales o valores espirituales
- Por voluntad propia, con ejercicios de toma de conciencia

Esto es muy bueno porque puedes adquirir nuevas ideas que te expandan, aunque también puedes aprender más creencias que te limiten. Te explico cómo funciona esto en cada caso.

Tus experiencias de vida

Imagina que la experiencia de vida es un accidente de auto con pérdida total y sólo heridas menores en la conductora. Ella va a darle un significado a esa experiencia y de esto dependerán las creencias que construya.

Podría generar creencias limitantes como: "soy una perdedora", "todo lo hago mal", "ya nunca voy a poder manejar", "me siento insegura", "nadie me cuida". Podría generar creencias positivas como: "soy una guerrera", "estoy protegida", "me salvo", "Dios me cuida", "reacciono muy rápido".

Personas en las que confías y a las que les das autoridad

Te haces un nuevo *look* y algunas amigas te dicen que te queda mal.

Podrías crear las siguientes creencias limitantes: "soy fea", "tomo malas decisiones", "nunca lo hago bien", "nada me sale como quiero", "por más que intento, no lo logro". También podrías generar las creencias positivas: "soy valiente", "soy auténtica", "soy original", "me atrevo a probar cosas nuevas", "puedo romper las reglas".

Tus juicios morales o valores espirituales

Imagina una chica que, de acuerdo con sus valores morales, considera que a la familia siempre se le apoya. No puede ahorrar porque cada vez que tiene dinero, alguno de sus hermanos le pide prestado. Tan sólo de pensar en no querer dárselos, siente culpa. Podría generar estas creencias limitantes: "soy mala", "no puedo poner límites", "nunca voy a poder tener lo que quiero". También podría generar estas creencias positivas: "puedo poner límites", "lo que yo quiero es importante", "amo a mi familia y me amo a mí", "hago lo que me da felicidad".

¡Tú eliges!

Por voluntad propia, con ejercicios de toma de conciencia

Aprendes creencias todo el tiempo y tienes la posibilidad de reprogramar tu mente a voluntad.

Hay personas que me dicen que no tienen opción. Tus creencias no son verdades, son ideas que has construido. Y así como las construyes las puedes destruir.

¿Cómo destruyes tus creencias limitantes?

Primero hay que identificarlas. Tienes que atraparte *infraganti* cuando las dices o las piensas. Una creencia limitante puede parecer algo positivo, pero no lo es porque te limita, no te da la libertad de ser quién eres y hacer lo que necesitas. Tal vez en algún momento de tu vida te sirvió, pero ahora te atora.

Te doy algunos tips que te ayudarán a identificar tus creencias limitantes:

- Cuando utilizas generalizaciones como "todo", "nunca", "nada", "siempre".
- Las frases que comienzan con "creo que…", "me temo que…", "confío en que…", "espero que…", "me da miedo que…", pueden señalarte una creencia limitante.
- Las creencias "yo soy". En estas frases te pones un adjetivo, "yo soy [+ adjetivo]". Éstas son etiquetas que te limitan y no te permiten actuar como deseas. Por ejemplo: "soy buena", entonces no puedes decirles a las visitas que se vayan, aunque estés cansada.

Cuando identificas una creencia, el segundo paso es cuestionarla: "¿es esta idea cierta?", "¿para quién es cierta?", "¿cómo la aprendí?". Y la pregunta más importante: "¿quiero seguir conservando esta creencia que me limita?"

Si ya no quieres tener una creencia, sólo tienes que soltarla. Reeducar la mente es más fácil de lo que crees. Ha llegado el momento de reprogramarte con los ejercicios.

EJERCICIOS PARA QUE DEJES DE INVOLUCRARTE EN RELACIONES TÓXICAS

Ahora vas a reprogramar tu mente para que elimines las razones que te llevan a involucrarte en relaciones tóxicas. Sólo tienes que seguir las indicaciones paso a paso.

Necesitas dos hojas y una pluma. En una hoja anota lo negativo y en otra lo positivo.

1. Identifica las creencias limitantes que forman los guiones de las historias de dolor que sufres en tus relaciones con los demás

Identifica las creencias que te limitan al relacionarte con los demás. Si te haces las preguntas pensando en personas específicas podrás encontrar más creencias limitantes. Puedes pensar en miembros de tu familia, amigos, tu pareja o parejas anteriores, las personas de tu vida profesional, etcétera. Concéntrate en las personas que están en tu lista de relaciones tóxicas. Anota estas creencias limitantes en una hoja.

    a. ¿Qué creencias negativas tienes acerca de tu capacidad para relacionarte con los demás? Ejemplos: "no puedo poner límites", "no tengo malicia y me engañan", "soy demasiado entregada y lo doy todo".

b. ¿Qué creencias negativas tienes acerca de lo que crees que es posible en tus relaciones? Ejemplos: "los hombres/las mujeres son así (cualquier característica negativa como mentirosos, deshonestos, tontos, infieles, etcétera)", "todos/todas son iguales", "en el mercado no pagan más, así que no puedo cobrar más".

c. ¿Qué creencias negativas tienes acerca de lo que mereces en tus relaciones con los demás? Ejemplos: "no merezco que me amen", "me abandonan", "merezco castigo", "necesito sufrir para poder aprender mis lecciones", "sólo cuando me va mal me porto bien", "para generar dinero tengo que dejar todo lo que amo".

2. Identifica las creencias positivas que quieres ahora

a. Cuestiona si alguna de estas creencias negativas te está protegiendo de algo o tiene algún beneficio para ti. Por ejemplo, pensar que te pueden robar puede hacer que estés alerta y te cuides.

b. Anota en otra hoja lo que descubras que es positivo de tus creencias limitantes. Si no le encuentras algo positivo, no te preocupes.

c. Ahora añade a tu lista de creencias positivas una lista de creencias opuestas a tu listado de creencias limitantes. Redacta las frases en presente y en primera persona.

Por ejemplo: "puedo poner límites", "tengo malicia y me protejo con sabiduría", "sé cuánto dar y hasta dónde entregarme", "cada hombre/mujer es único", "aunque en el mercado no paguen más, yo puedo cobrar lo que quiero", "merezco que me amen", "me aman", "merezco bendiciones", "aprendo mis lecciones fácilmente", "me comporto como me beneficia", "puedo generar dinero y conservar todo lo que amo".

3. Identifica las reglas de tu herencia familiar invisible que te limitan

Anota en la hoja de lo negativo todas las reglas y creencias que hay en tu familia y en los grupos a los que tú perteneces. Tal vez no las identificas como tuyas, pero están almacenadas en el sistema e influyen en ti. Por ejemplo: "la gente honrada no tiene mucho dinero y es explotada", "las mujeres ganan menos que los hombres, ellos son más fuertes, ellas más débiles, ellos tienen que cuidarlas, ellas dependen de ellos", "la vida es una lucha", "todo se arregla peleando".

4. Identifica las nuevas reglas que deseas integrar en tu herencia familiar invisible

Anota en la hoja de lo positivo todas las reglas y creencias opuestas positivas que deseas para tu familia y los grupos a los que tú perteneces. Éstas son todas las que te apoyan a lograr tus sueños y ser libre.

Por ejemplo: "la gente honrada tiene mucho dinero y es reconocida en su trabajo", "las mujeres pueden ganar igual o más que los hombres, cada uno tiene fortalezas y debilidades y se cuidan y respetan. El hombre y la mujer se apoyan para superarse", "la vida es gozar", "todo se arregla con facilidad".

5. Libérate de la lealtad sistémica que te lleva a sufrir relaciones tóxicas

Una lealtad es un compromiso que tienes con tu familia para generar vínculos tóxicos. Ese compromiso es inconsciente, es decir, no lo sientes ni lo ves, pero ahí está y no te deja disfrutar de relaciones sanas. Este ejercicio te va a ayudar a disolver las lealtades que te llevan a sufrir en tus relaciones y crear un nuevo compromiso con tu familia. Es posible que sientas un movimiento emocional al hacerlo.

a. Imagina frente a ti un montón de personas: ancestros, familiares, todas las personas del mundo que sufren relaciones tóxicas. Tú los miras y ellos y ellas te miran a ti.

b. Sostén en tus manos la hoja que tiene todas las frases negativas que quieres liberar.

c. Di en voz alta: "He estado cargando estas creencias y reglas. No me había dado cuenta. Quiero dejarlas ir. A nadie le sirve que las siga cargando. Sólo causo más dolor creando relaciones tóxicas. Así que, con humildad y amor, les devuelvo sus reglas, creencias e historias, y al devolvérselas también les devuelvo su dignidad." (Puedes imaginar que les regresas simbólicamente la carga y ellos la reciben con gusto). "Los honro y les doy el lugar que les corresponde. Ahora uso mi energía y mi atención, que ya están libres, para crear relaciones sanas, ir hacia mi vida y mi propio destino. Sólo sigo las reglas y las creencias que me benefician. Soy libre para crear nuevas historias felices en mis relaciones con los demás. Por favor, denme sus bendiciones para que me separe del dolor y de las relaciones tóxicas. Para honrarlos voy a hacer algo muy bueno con mi vida y voy a disfrutar de mis vínculos con los demás."

d. Lee lo siguiente en voz alta imaginando que todos ellos te lo están diciendo: "Ya no es necesario que cargues estas creencias, reglas e historias contigo. Pueden quedarse con nosotros. Ya has sufrido suficiente. El precio ya ha sido pagado. Puedes dejarlas ir".

Ahora quema la hoja que tiene todas las frases negativas, pidiéndole a algo más grande que tú que se las lleve. Si no quieres quemarla, córtala en pedazos muy pequeños y tírala al excusado.

6. Recibe el permiso para tener relaciones sanas

Para disfrutar de tus relaciones necesitas sentir que tienes el permiso de las figuras de autoridad de los sistemas a los que perteneces. En este ejercicio lo vas a recibir.

a. Imagina frente a ti un montón de personas: ancestros, familiares, figuras de autoridad, todos los miembros de los grupos a los que perteneces. Tú los miras y ellos y ellas te miran a ti.

b. Sostén en tus manos la hoja que tiene todas las frases positivas que quieres liberar.

c. Lee lo siguiente en voz alta imaginando que todos ellos te lo están diciendo:

Nos parece muy bien si integras estas creencias y reglas positivas como una nueva forma de ser y de estar en el mundo. Estamos felices de que ya te liberes de tus relaciones tóxicas, aunque nosotros las hemos sufrido por muchas generaciones. Nos da gusto que tú disfrutes relaciones saludables con los demás. Queremos que te relaciones de la mejor manera para ti y que logres lo que más deseas. Por favor, hónranos haciendo algo muy bueno con tus relaciones. Desde aquí te apoyamos y sostenemos con nuestro amor y bendiciones para que disfrutes relaciones sanas.

También puedes incluir algún mensaje específico que te guste. Por ejemplo: "Te damos nuestras bendiciones si tienes una relación de pareja sana; si en tu relación con (alguien específico) hay equilibrio entre lo que das y recibes, etcétera".

Ahora puedes poner esta lista de creencias positivas en un lugar donde la veas cotidianamente (por ejemplo, pegada en tu refrigerador o en el espejo donde te arreglas).

7. Deja en el pasado tus historias tristes por relaciones tóxicas

Escribe con tu puño y letra en una hoja alguna de tus historias tristes por relaciones tóxicas, algo que te duele todavía y que no has podido dejar atrás. Este asunto representará las historias que no han concluido, y al hacer este ejercicio pon la intención de que te sirva para cerrar las demás historias que siguen inconclusas. Pon en el papel todo el dolor, el enojo, la tristeza y el miedo que sientes cuando la recuerdas. Cuéntala con todos los detalles que necesites. Cuando hayas terminado dobla la hoja y tómala con tus dos manos y repite: "He guardado esta historia por demasiado tiempo. Me pesa y me impide ser feliz. Ahora decido terminar con ella. Dejo de repetirla. La dejo en el pasado. Ya fue suficiente".

Ahora quema la hoja pidiéndole a algo más grande que tú que se la lleve. Si no quieres quemarla, córtala en pedazos muy pequeños y tírala en el retrete.

8. Sana a tu niña herida llenando tus necesidades no satisfechas

Tus necesidades de la infancia tienen que estar satisfechas para que puedas disfrutar tus relaciones en el presente. Con estos ejercicios la ayudas a sanar (haz los ejercicios que desees):

a. Reconoce alguna de tus necesidades no satisfechas, esos huecos que tienes y que sabes que te generan problemas en tus relaciones con los demás. Comprométete con una acción específica para satisfacerla. Por ejemplo, si te faltó contacto físico positivo: acaríciate, cepíllate el pelo con amor, usa productos para tu cuerpo que te gusten, etcétera. Si te faltó nutrición: aprende a alimentarte sanamente.

b. Elige una de las necesidades insatisfechas del pasado y conviértete en tu padre o madre ideal y dáselo a tu niña pequeña. Utiliza tu imaginación para crear a tu padre o madre ideal y a tu niña herida y visualiza cómo se está sanando con los cuidados recibidos ahora. Por ejemplo, de niña no te acostaban a tiempo ni preparaban tu ropa para ir a la escuela. Siendo tú tu madre ideal prepara tu ropa antes de dormir, métete a la cama con cariño y arrópate con dulzura. Si no te prepararon una fiesta de cumpleaños, cuando sea el día, haz la fiesta que te haga feliz.

c. Visualiza a tu niña pequeña frente a ti y dile lo que necesitó escuchar de tu madre o padre: "eres perfecta", "tus necesidades son importantes para mí", "te escucho", "yo te cuido", etcétera.

¡Muy bien! Has hecho un trabajo excelente. Ya estás lista para pasar a lo siguiente.

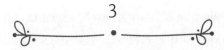

¿Qué te mantiene en esa relación tóxica?

Cuando sufres una relación, la gran pregunta es ¿por qué te quedas ahí si sabes que te está haciendo daño? En este capítulo vas a reconocer y transformar cuatro razones que te mantienen atrapada en tus relaciones tóxicas:

1. Apegos
2. Resistencias al cambio
3. Codependencia
4. Lealtades familiares

APEGOS

Muchas veces confundes el apego con el amor, pero tienen fuertes diferencias. El amor te da libertad a ti y a los demás, en cambio el apego te encarcela porque el vínculo es obsesivo. Las personas que tienden a apegarse lo hacen no sólo con las personas, también con los objetos y sus ideas. Esto las lleva a quedarse atoradas, sin avanzar en su vida.

Ir por la vida es como viajar. Imagina a dos personas viajando alrededor del mundo, una con 25 maletas y otra con una mochila *backpack*, de esas que se cargan en la espalda. La que viaja con la *backpack* puede ir libre, en todas las estaciones de tren encuentra dónde dejar su mochila y puede avanzar sin pedir ayuda de los demás. Ella se sube al tren, llega a un lugar, lo explora ligera dejando en un lócker de la estación su mochila. En la noche decide si quiere quedarse más días y va eligiendo con libertad su viaje según lo desea. Las opciones que tiene se multiplican y disfruta del momento porque la atención está en sus experiencias y en lo que descubre viajando. En cambio, ¿visualizas cómo es la experiencia de la que tiene 25 maletas? Preocupada por sus maletas, se la pasa contándolas, que no le roben o pierda ninguna. Ocupa tanta energía y tiempo cargándolas y moviéndolas de un lugar al otro que le cuesta disfrutar de su viaje. Los apegos limitan.

El apego se sostiene en cuatro creencias falsas: que es permanente, que te hace feliz, que te da seguridad y que le da sentido a tu vida.

Que es permanente

Creer que eso a lo que estás apegada va a estar contigo siempre, que nunca se va a ir, que las cosas entre tú y "eso", sea una persona, un objeto o una idea, seguirán así toda la vida. En tu mente no existe la posibilidad de desprenderte de esa idea, objeto o persona. Percibes a esa persona como una parte tuya, tú y ella estarán juntas para siempre y cualquier otra opción es impensable.

Si te pasa esto, posiblemente la muerte te parezca una tragedia. El hecho de que alguien deje de existir y desaparezca de este plano físico es muy doloroso cuando pretendes que las cosas sigan igual. Cada final se vive con tristeza. Entonces también evitas las conclusiones, procrastinas y dejas pendientes cosas importantes para ti.

El problema es bastante grande porque evitar los finales te impide tener nuevos inicios y tu vida se queda en pausa. Lo peor de todo es que no te das cuenta de que no avanzas. Observa lo que haces y analízalo para reconocer cómo lo vives tú. Tal vez tus proyectos se atoran, o las cosas te llevan más tiempo que a otras personas. Posiblemente esto sólo ocurre en algunas áreas de tu vida.

Vivir creyendo en la permanencia equivale a luchar contra la vida, que fluye y te lleva en su dirección. Si tú quieres quedarte en el mismo sitio, con todo igual, ¡no se puede! Imagina la siguiente escena: una persona está dentro de un río con fuerte corriente aferrada a una roca, y ni se sale, ni se suelta. La persona que elige soltarse puede ir flotando y hasta disfrutar del paseo en una llanta, ¡como las de los parques acuáticos!

Cuando una persona establece una relación pensando en que ésta será "para siempre" y que "nada" cambiará, se apega y ni siquiera piensa en otra posibilidad. Se queda ahí, a veces sufriendo todo tipo de abusos, sin considerar la idea de terminar la relación. La creencia de que todo es permanente es muy peligrosa porque anula tus alternativas. ¿Cómo puedes elegir lo mejor para ti cuando sólo tienes una opción? No eliges. Te quedas sufriendo tus relaciones tóxicas.

Que te hace feliz

Te apegas porque crees que tu felicidad depende de que esa persona, objeto o idea sea parte de tu vida y esté presente contigo. Tienes la idea de que, si lo pierdes, también perderás tu felicidad y sufrirás enormemente. Hay personas que tienen horribles fantasías, por ejemplo, que su vida dejará de tener colores, que caerán en una depresión de la cual no se van a levantar jamás y que nunca podrán encontrar a alguien con quien ser felices. Como si el objeto de su apego fuera insustituible. Recuerdo a un cliente al que su médico le pidió dejar de consumir un alimento. Él prefería sufrir sus muchas alergias a dejar de comer ese producto. Pregúntate: ¿realmente dónde está tu felicidad? ¿En apegarte a una persona y creer que por estar en la relación eres feliz?, ¿o en avanzar hacia lo que realmente quieres y te nutre?

Un buen ejercicio es reconocer qué es lo que te hace feliz de las personas a las que te apegas. Generalmente no todo es "blanco" o "negro" y hay cosas que nos gustan y disgustan en nuestras relaciones. Sin embargo, las relaciones tóxicas tienen características muy claras y tú ya descubriste algunas que las tienen.

Lo que complica dejar ir una relación tóxica es justamente eso: hay algo en ella que te gusta. Muchas personas hacen cosas que saben que les causan daño, pero lo siguen haciendo. ¿Por qué? ¡Por el apego! Cuando hay apego, lo que te cuentas generalmente son mentiras. Si estuvieras cien por ciento consciente del daño que te causa, posiblemente no lo harías. Cuando lo ves desde afuera, es sorprendente escuchar a una víctima de violencia, recién golpeada por su pareja, diciendo que no la puede dejar porque es la única persona que la cuida.

Creer que tu relación tóxica te hace feliz es una gran mentira. Mereces conocer la verdad, así que empieza a ver lo que es, aunque te duela. Si la vives es porque tienes la fuerza para reconocer lo que es, tal como es, sin maquillaje.

Que te da seguridad

Cuando lo "tienes" te sientes segura, pero vives con miedo porque en cualquier momento lo puedes perder. Tu seguridad se tambalea cuando dependes de tus apegos y desprenderte te genera incertidumbre. Imagina que te compras un abrigo que te encanta y lo usas todo un invierno. Pasan los años y no quieres desprenderte de ese abrigo. ¿Seguirás usando el mismo abrigo todos los inviernos? Supongamos que no te has aburrido de tu abrigo. ¿Y qué pasa si cambia tu cuerpo, si el abrigo se hace viejo, se rompe y ya no te funciona? Hay personas que sienten tal inseguridad que no pueden desprenderse de nada. Son como niños pequeños que sólo pueden dormir con su osito de peluche o su cobija "de seguridad". Escondida en esta creencia, hay un patrón de carencia, de que el dinero o los bienes no van a alcanzar. El pensamiento es "¿qué tal si lo necesito después?", "¿y si me hace falta y lo tengo que volver a comprar?" o "ya invertí en esto, no lo voy a desperdiciar". Con estos pensamientos, acumular da seguridad y desprenderte genera ansiedad.

Cuando tu seguridad es interna y tus creencias son de abundancia, puedes desprenderte de objetos, ideas y personas sabiendo que llegarán nuevas alternativas para ti que pueden ser aún mejores. Dejar ir te hará sentir segura porque te abres con confianza para recibir lo que deseas. Entonces, la idea de sacar ropa vieja del clóset te gusta porque piensas en las cosas lindas que podrás ponerte, y terminar relaciones que te succionan te anima porque piensas en las personas que llegarán a tu vida para ser tus nuevas aliadas.

Sentir la seguridad de que vas a estar mejor al soltar tus apegos hace que te enfoques en lo nuevo, en lo que deseas, en lo que te da bienestar. Donde pones la atención pones la energía, por eso al hacer esto lo atraes. En cambio, sentir inseguridad te lleva a quedarte en el lamento, sufriendo por lo que perdiste, sintiéndote cada vez peor y apegándote cada vez más.

Aferrarte a tus relaciones porque te hacen sentir segura te limita más de lo que crees. Posiblemente no te has dado cuenta de lo cerrada que estás y lo difícil que es acercarse a ti. Una persona que necesita apegarse para sentirse bien vive con miedo, pero no reconoce la magnitud. Alejas posibles relaciones nutrientes con esta actitud.

Que le da sentido a tu vida

Pones en tu apego el sentido de tu vida creyendo que tienes dirección y significado gracias a eso. La idea de perder aquello a lo que estás apegada te hace sentir perdida, desorientada, como si te quitaran el piso debajo de tus pies. Por eso tienes que reconocer cuál es el sentido verdadero de tu vida y dejar de pensar que está en tus apegos. Por ejemplo, hay mamás que caen en un hoyo negro cuando sus hijos adultos se independizan y dejan la casa. El síndrome del "nido vacío" les dura años y ya no saben qué hacer con su vida. Esperan con ansias las visitas de los hijos y todo sigue girando en torno a ellos. Lo que hacen ahora es ir añadiendo apegos en las nueras, yernos y nietos. Es maravilloso disfrutar de tu familia, pero la vida es mucho más que eso. Si te apegas a tus hijos y ellos no desean verte, vas a sufrir mucho. Si tu sentido de vida está en dar amor y tus hijos no están recibiendo el que tienes para ellos, dáselo a alguien que lo valore realmente.

Si una relación es tu sentido de vida, te apegas a ella para poder vivir con plenitud. El centro de vida será esa persona y todas tus decisiones dependerán de ella. Cada pequeño movimiento en la relación será una tormenta para ti. ¡Ésa es la razón por la que muchas relaciones se vuelven tóxicas! Darle al otro un lugar que no le corresponde genera caos. Tal vez la relación no está mal, lo que la vuelve dañina para ti es lo que haces. Todo se resolvería si recuperas el sentido de tu vida y lo colocas en ti misma.

Cuando vives con desapego tienes muchas alternativas para sentir que tu vida vale la pena. Si pierdes una relación tu vida continúa y aprovechas lo que ocurre para hacer mejoras. Te puedes sentir plena con lo que eres y encuentras una inmensidad de maneras de disfrutar tu vida y tus relaciones.

¿Qué pasa cuando te apegas a una relación tóxica?

Cuando te apegas a una relación no estás preparada ni dispuesta a perderla. Por eso haces lo que sea para evitar que termine. Puedes negar la gravedad de las situaciones y contarte historias rosas, justificando lo que sucede, con tal de seguir ahí. No aceptas el desprenderte de esa persona, te parece muy doloroso hacerlo y por eso toleras demasiadas cosas.

El apego te corrompe y sufres porque hace trizas tu dignidad, tu respeto, tus valores más esenciales. También pierdes libertad ya que no puedes decidir cómo moverte. Estás paralizada porque no concibes tu vida sin esa persona. Tienes tanto miedo a perder la relación y todo lo que te da, que vives intranquila y sin paz. Tampoco la disfrutas ni eres alegre. Tu energía está cien por ciento invertida en mantenerte ahí, en la relación, sin terminarla, tratando de hacer que funcione, y esto te absorbe por completo.

Por eso hay apegos que son como una adicción. Tu apego a una persona con la que tienes una relación tóxica puede ser tan grande que crees que la necesitas para vivir. Entonces, estar con esa persona ya no es una elección o un deseo, se convierte en una necesidad. Lo saludable es que elijas tus relaciones porque te nutren y no porque no puedes vivir sin ellas.

Analiza tus relaciones tóxicas para identificar qué tan apegada estás

Toma el inventario que realizaste en el primer capítulo de este libro y contesta las siguientes preguntas para cada una de las personas con las que tienes una relación tóxica. Si son muchas las relaciones tóxicas que tienes, elige una de ellas, la que te parezca representativa de lo que haces en general. Si tu respuesta es "a veces", "un poco", "más o menos", contesta sí. Sólo elige no cuando es una situación que no sucede:

- ¿Te quedas en esa relación porque es lo que conoces?
    Sí ○   No ○
- En tu relación, ¿toleras lo intolerable?
    Sí ○   No ○
- En un momento de sinceridad contigo misma ¿te cuentas historias rosas para creer que eres más feliz de lo que realmente eres?
    Sí ○   No ○
- ¿Te sientes segura manteniendo la relación?
    Sí ○   No ○
- ¿Te da ansiedad pensar en terminar?
    Sí ○   No ○
- ¿Tu relación le da sentido a tu vida y perderla te dejaría desorientada, sin brújula?
    Sí ○   No ○

El número de respuestas afirmativas te indica qué tan apegada estás a esa relación. Al reconocer tu apego podrás empezar a cambiar tu actitud. ¡La transformación es fácil cuando tú eliges soltar lo que te daña!

RESISTENCIAS AL CAMBIO

Todo cambia, las personas se transforman y los objetos se hacen viejos. Tú también cambias y tal vez ya no piensas igual que hace unos años. Hay personas que sienten una gran felicidad ante los cambios y hay otras que se abruman y los evitan. ¿En cuál grupo estás tú? Lo más probable es que te gusten algunos cambios y otros los evites, como hace la mayoría.

Lo cierto es que estás en constante cambio, aunque no te des cuenta. Cada instante hay cambios en tu cuerpo y a tu alrededor, pero no los percibes. Muchos cambios no los eliges tú, te llegan. Cuando esto sucede tienes dos opciones, aceptarlos o rechazarlos. Aceptarlos y darles la bienvenida te ayuda a que sean positivos para ti. Si no los aceptas y te peleas con ellos, esos cambios resultarán negativos para ti. ¿Por qué? Por tu rechazo.

Cuando rechazas lo que sucede te enfocas en lo que no te gusta, en lo que te parece inadecuado. Ya lo sabes: donde pones tu atención, pones tu energía, y eso es lo que se fortalece. Si quieres que el cambio sea positivo, tu atención tiene que estar en lo que te gusta de lo que está sucediendo. Así podrás disolver lo que no te gusta de ese cambio.

Aceptar no es lo mismo que estar de acuerdo. Aceptar tampoco significa quedarte de brazos cruzados sin hacer nada al respecto. Aceptar quiere decir que dejas de pelearte con lo que cambió. Te abres a lo que sucedió, reconoces cómo es ahora, aprendes de ello. Sólo así podrás saber qué deseas hacer: quedarte así o modificar lo que puedas. Todo este proceso se detiene cuando tu actitud es de resistencia.

Te resistes al cambio porque tienes miedo. El miedo es una emoción densa, que tensa y contrae tu cuerpo. No sabes si un cambio te va a gustar hasta que lo pruebas y para eso necesitas estar abierta y relajada, dándote el tiempo necesario para descubrir lo que está sucediendo, que es algo nuevo para ti. Si tu respuesta es de miedo y rechazo, la actitud con la que estás probando ese cambio será defensiva, lamentando lo que ocurre y pensando en lo bien que estarías si nada hubiera cambiado. Como sabes, el "hubiera" no existe, así que mejor acéptalo y adáptate. Si tu actitud al probar el cambio es abierta, podrás reconocer los beneficios que trae para ti y recibirlos. También identificarás lo que no te gusta y podrás modificar lo que está en tu control.

Cambios siempre hay, pero para la mayoría de las personas pasan desapercibidos hasta que llega una crisis. Si eres de las que evitan percibir los cambios por tu resistencia, el agua tendrá que llegarte al cuello y debes de estar ahogándote para que tomes acción. Eso puede llevarte a crear relaciones tóxicas cuyos problemas crecen y tú te mueves hasta que las cosas se ponen muy mal. Puede ser que tu socio, tu pareja y tus hijos te expresan quejas y te piden cambios que tú pospones. Hasta que tu socio quiere disolver el negocio, tu pareja se va o a tus hijos no les dan la reinscripción en el colegio, te despiertas. ¡Algunos despiertan demasiado tarde! Hay oportunidades que se pierden cuando actúas fuera de tiempo.

Al creer que todo sigue igual dejas de observar lo que sucede y no reconoces los cambios sutiles que ocurren en tus relaciones con los demás. Por eso muchas personas se sorprenden cuando su pareja les dice que ya no las ama, descubren que su madre tiene una profunda depresión o su hijo una adicción. Pensaban que todo seguía igual y vivían el día a día sin reconocer lo que sucede. Integra en tu vida la realidad de la "ley de la impermanencia" para que vivas cien por ciento presente, aquí y ahora, reconociendo lo que es, observando con atención lo que te rodea y dándoles la bienvenida a los cambios.

Esta desconexión del presente es muy grave y te afecta de muchas maneras. Cuando te has resistido a reconocer los cambios te puede parecer que tu relación te da un placer que ya no existe, porque sigues recordando lo que te daba en el pasado. Tu relación puede ser una pesadilla en el aquí y ahora, pero tú la vives como si estuvieras en la luna de miel. Entonces tus respuestas no cuadran con lo que sucede y tus acciones te alejan de lo que deseas. Es como cuando te acostumbras a realizar cierta rutina sin preguntarte si es la que te beneficia actualmente. Lo haces por hábito, no por elección.

Cuando te resistes al cambio no te ves a ti misma, tampoco percibes realmente lo que te rodea. ¿Cómo puedes dirigir tu vida así? Es como ir manejando un automóvil tratando de llegar a una dirección con un mapa desactualizado, ¡te perderás en el camino!

Aceptar los cambios te lleva a reconocer lo que es, con apertura, flexibilidad, tomando las decisiones y acciones correctas en la situación real que enfrentas ahora. Tal vez esa amiga era la mejor para ti cuando estabas en secundaria, pero ahora se dedica a hablar mal de otras personas y es indiscreta con tus confidencias. ¿Qué amiga quieres tú? ¿Cómo quieres usar tu tiempo?

Sólo si dejas ir el miedo y reconoces los cambios tal como son, podrás atender lo que sucede en tu vida, transformando lo que enfrentas fácilmente porque te será muy claro lo que necesitas hacer. El problema es que los cambios se van dando todos los días y generalmente no los percibes porque te vas acostumbrando a ellos. Esto es evidente en las reuniones de exalumnos cuando ves muy cambiados a aquellos compañeros con los que no has tenido contacto. ¡Esto no te sucede con los que has frecuentado!, ¿verdad?

Generalmente una relación no cambia de golpe, lo va haciendo de a poquito. Cuando te vas acostumbrando a situaciones que te hacen daño no tomas las medidas para protegerte. Por eso cuando estás en relaciones tóxicas las personas que te quieren son las que más se inquietan por ti, ellas ven la gravedad de lo que sucede, mientras que tú estás como dormida, sin tomar las medidas que te convendrían. ¡Estás tan acostumbrada al sufrimiento que ni lo percibes! Debes tener cuidado de no terminar como la rana del cuento.

Fábula de la rana

Había una vez dos ranas. Una rana saltaba feliz en el pasto y la otra rana nadaba en una olla de agua fría que estaba calentándose sobre el fuego. El agua empezó a cambiar de temperatura, y cuando se fue poniendo tibia la rana dejó de nadar, se relajó y se puso cómoda a flotar. El agua se fue calentando más y más. La rana se empezó a atontar y a sentir incómoda, pero no tenía fuerzas para salir de ahí. En ese momento la otra rana, la que había estado en el jardín, entró a nadar, pero al sentir el calor del agua, de un solo salto se salió de la olla, salvándose. La rana de la olla terminó hervida.

Así les pasa a las personas que tienen relaciones tóxicas. Se sienten "cómodas", se acostumbran a la toxicidad, pierden fuerza y terminan atrapadas sin poder salir. Cada vez que sucede algo que no deberían permitir recuerdan cómo era al principio, cuando las cosas estaban bien, con el "agua fresquecita pudiendo nadar felices" en la relación. Prefieren negar lo que les disgusta y recordar lo que era, se van acomodando para poder seguir a pesar de todo y, sin darse cuenta, pierden fortaleza. Entonces, cuando las cosas están muy mal, no encuentran cómo salir.

¿Te identificas con alguna de las ranas?

Estar en una relación tóxica es como estar en una casa que tiene una pequeña fuga de gas. Si notas el cambio en el aire cerrarás la llave por donde sale esa fuga de gas y dejarás de intoxicarte. Tomar las medidas adecuadas es muy fácil cuando detectas el problema a tiempo, puedes solucionarlo cuando dejas de resistirte a los cambios.

Analiza tus relaciones tóxicas y cuánto te resistes a cambiar

Contesta las siguientes preguntas para cada una de las personas con las que tienes una relación tóxica. Si son muchas las relaciones tóxicas que tienes, elige una de ellas, aquella que te parezca representativa. Si tu respuesta es "a veces", "un poco", "más o menos", contesta sí. Sólo elige no cuando es una situación que no sucede:

- ¿Recibes quejas o solicitudes que sabes que son importantes y las pospones?

  Sí ◯   No ◯
- ¿Deseas que la relación permanezca igual para "siempre"?

  Sí ◯   No ◯
- ¿Niegas lo que no te gusta? ¿Evitas ver y confrontar lo que te molesta?

  Sí ◯   No ◯
- ¿Dejas que los problemas crezcan sin atenderlos?

  Sí ◯   No ◯

- ¿Piensas mucho en el pasado?

  Sí ⭕   No ⭕

- ¿Te cierras a lo nuevo?

  Sí ⭕   No ⭕

- ¿Te resistes a cambiar?

  Sí ⭕   No ⭕

El número de respuestas afirmativas te indica qué tanto te resistes a cambiar en esa relación. ¡Cambiar equivale a estar en el presente y afrontar lo que no te gusta! Sólo así podrás modificarlo. De otra manera quedarás atrapada en esas situaciones desagradables.

CODEPENDENCIA

La codependencia es una dependencia de los demás. Una persona es codependiente al permitir que la conducta de otra persona le afecte y se obsesiona con controlar o cambiar la conducta de esa persona, como si estuviera en su poder cambiar la forma de actuar del otro. Los codependientes pueden parecer controladores, pero ellos son los controlados. Lo que hace la otra persona les afecta tanto que toda su atención y energía está en el otro.

El lema de una persona codependiente es: "Tu problema es mi problema", ya que le es más fácil hacerse cargo de los problemas de la otra persona que quedarse sin resolverlos. Ser testigo de lo que le pasa a alguien que le importa, sin hacer nada al respecto, es imposible para la persona que es codependiente. ¡Ella necesita resolver lo que les sucede a las personas que ama! Su vida gira en torno a otras personas, pone mucha atención en los problemas que enfrentan y cree que su participación es indispensable para que puedan salir adelante.

En la codependencia las relaciones se dan en triángulos. Se llaman triángulos porque hay tres roles o posturas en los que se van turnando los participantes: víctima, salvador y perseguidor. Stephen B. Karpman describe en su obra esta forma enredada de relacionarse.

Un triángulo empieza cuando alguien ocupa el lugar de la víctima. Una víctima es alguien que se percibe sin los recursos necesarios para salir victorioso de la situación que se le presenta. Puede ser que a veces tú te coloques en el rol de la víctima y otras veces pongas a otras personas en ese rol. Cada vez que hay alguien en el rol de la víctima se forma un triángulo porque las demás personas se sentirán obligadas a participar; algunas lo harán ocupando el rol del salvador y otras el del perseguidor. ¡Y así es como te enredas en relaciones codependientes!

Hay personas que sienten o creen que pueden hacer las cosas mejor que los demás. Si tienes ese sentimiento de superioridad es muy probable que también creas que los demás te necesitan porque tú puedes hacer algo que ellos no pueden hacer por sí mismos. Éste es el pensamiento que te lleva a relacionarte con los demás colocando a las personas en el rol de la víctima. Sentir y pensar que tú puedes y el otro no te mete en el triángulo de la codependencia.

Cada vez que percibes al otro como si fuera una víctima tienes dos alternativas: ayudarlo o no ayudarlo. Si lo ayudas te conviertes en su "salvador" y si no lo ayudas te conviertes en su "perseguidor". El papel del "salvador" es el que a la mayoría de las personas atrae más, ya que las hace sentir útiles, fuertes, buenas y capaces. En este rol te sientes un alma caritativa ayudando a los débiles. El problema es que usualmente el otro no se deja ayudar, no sigue los consejos que le das o no valora ni reconoce todo lo que haces por él o ella. Esto te puede causar enojo y frustración y entonces te conviertes en "perseguidor". En ese rol la actitud deja de ser amable y apoyadora, el otro está así porque no te hace caso, porque si lo hiciera saldría del problema. Puedes cambiar del lugar del "salvador" al lugar del "perseguidor" rápidamente o estar brincando entre un rol y el otro.

Cuando tu sentido personal de valor depende del reconocimiento que recibes es muy probable que después te sientas triste o resentida, diste e hiciste mucho y no se te tomó en cuenta, no se valoró tu esfuerzo, el otro no ve cuánto lo amas y quieres ayudarle. Esta actitud te pone en un nuevo lugar, el de la "víctima", y como no hay una víctima sin un "perseguidor" o "salvador", ahora el otro ocupa alguno de esos lugares. Si se pone de "perseguidor" se enojará contigo y te reclamará porque no te pidió ayuda. Si se pone de "salvador" su trato será más amable, tratando de hacerte sentir bien.

De esta manera se dan las relaciones codependientes al moverse de un lugar a otro en el triángulo: rescatando víctimas (siendo salvadora), enojándote con ellas (siendo perseguidora), ellas se enojan contigo (tú siendo la víctima). Y como víctima atraes a "perseguidores(as)" y a "salvadores(as)". Si eres codependiente lo reconoces fácilmente. Estos brincos entre roles no siempre suceden, hay personas que se quedan en un solo rol, en su favorito.

Si tiendes a actuar como "salvador" o "perseguidor", cada vez que te encuentras con una "víctima", con alguien que necesita ayuda, te vas a sentir "tironeada" u obligada a hacer algo. Si tiendes a actuar como "víctima" sientes que el otro tiene más posibilidades que tú, como si el otro tuviera lo que tú necesitas y, aunque no te des cuenta, lo "jalas" a ayudarte. Ésta es la señal con la que puedes darte cuenta de que estás en el triángulo víctima-salvador-perseguidor.

Las personas codependientes no se dan cuenta de cómo se meten intrusivamente en la vida de los demás, arrebatándoles las riendas para pretender dirigirlos a su manera. Asfixian a los que aman porque llegan y resuelven los problemas aun cuando no les han pedido ayuda. Cada persona tiene derecho de vivir su vida como quiere. Las experiencias y los errores que se cometen sirven para descubrir las fortalezas y debilidades personales y encontrar el camino de vida que se desea tomar.

Los padres codependientes tienen tanto miedo de que sus hijos sufran que no les permiten enfrentar los retos de su vida solos. Tratan de ahorrarles dolor, y pensar que algo malo les puede pasar les pone los pelos de punta. Sin embargo, cada persona tiene que atravesar sus etapas de vida integrando las lecciones que le corresponden. A veces para crecer hay que sufrir. Por ejemplo, al aprender a caminar, los niños se caen, ¿verdad? Por más que los cuides, habrá algunos accidentes y tratarás de que sean los menos posibles. No se trata de hacerlos sufrir innecesariamente, sólo de reconocer que hay cosas que no podrás evitarles a tus seres queridos.

¿Cómo puede alguien aprender a manejar su vida si las riendas las lleva otra persona? Las personas codependientes pretenden hacerse cargo de los asuntos de los demás y no se dan cuenta de que al querer agarrar lo de otros sueltan lo suyo. Si eres codependiente piensas que puedes con todo, lo tuyo y lo de los demás, y no te preocupa mucho que los demás no aprendan a llevar su vida porque así te necesitarán para siempre, ¡y ese pensamiento te encanta! Te sientes valiosa y útil cuando los demás te necesitan, así que procuras que esto suceda.

Si eres codependiente haces lo mismo en todas tus relaciones, y si tienes hijos tratarás de evitar que crezcan para que te necesiten y te mantengan en su vida. Sobreproteger a los hijos puede hacerles mucho daño porque les manda el mensaje de que no son capaces de llevar su vida, bajando su autoestima y la seguridad en sí mismos. Además, esta actitud te sale contraproducente porque en lugar de disfrutar una relación sana con ellos tendrás una relación tóxica.

Como aprendiste en el capítulo anterior, se repite lo aprendido con las figuras de autoridad, y tú lo eres para tus hijos. Ellos repetirán estas dinámicas con su pareja y sus hijos, limitando su felicidad. Además, si los controlas les dejas pocas opciones: quedarse chiquitos, permitiendo que tú dirijas su vida, lo que los hará infelices, o alejarse emocionalmente de ti para hacer lo que desean realmente. Cualquiera de las opciones creará dolor para todos.

¿Cómo te liberas de la codependencia?

La forma más efectiva de romper con el patrón de la codependencia y salirte del triángulo es reconocerte como el ser poderoso que eres. Si tomas conciencia de tu poder y sabiduría también los percibirás en las personas que te rodean. Si tú puedes y el otro también puede, confiarás en que te pedirá ayuda cuando lo necesita. Podrás estar presente para los demás, aun cuando enfrentan problemas, sin meterte a resolverlos. Si te solicitan apoyo respetarás lo que tú y los demás desean, asumiendo que cada quien es responsable de su vida.

Percibir al otro y a ti misma como seres en su poder, responsables y capaces, con todos los recursos necesarios para salir adelante, es lo que hará la diferencia. Tu autoestima es elevada cuando te sientes valiosa aun sin hacer algo por los demás.

Cuando tu valía personal es independiente de la ayuda que brindas, puedes estar presente con personas que tienen muchos problemas sin enredarte en ellos.

Las características que reconoces en ti las puedes ver en los demás. Así que, al conectar con tu poder, percibirás el poder de los demás y les permitirás enfrentar su situación de vida, asumiendo las consecuencias de lo que han creado. Cuando dejas de "salvar" a los demás de sus tragedias les devuelves la energía que les quitaste al verlos como "pobres víctimas" de las circunstancias.

Percibir al otro en su poder y capacidad lo empodera y le ayuda a conectar con su propia sabiduría. Es lo mejor que puedes hacer por esa persona. No estoy diciendo que abandones a las personas en medio de una situación difícil. El mensaje es que respetes lo que a cada persona le toca vivir porque ahí está su lección de vida. Si le haces la tarea, esa misma situación se le va a volver a presentar hasta que la enfrente. La ayudas realmente al reconocer su fortaleza, sabiduría y capacidad para enfrentar lo que está viviendo. Entonces, si hay algo que necesita te lo podrá pedir de manera concreta. Es muy diferente dar un apoyo concreto a hacerse cargo de la situación, quitándole la autoridad a la persona encargada, ¿verdad?

Cuando dejas de salvar al otro le "devuelves" sus problemas y la dirección de su vida, recuperas tu energía y la puedes usar para resolver tus propios asuntos. ¡Finalmente podrás poner límites sanos y adecuados! Te quedas en paz al poner límites cuando percibes a los demás como personas poderosas, capaces y responsables. En cambio, te quedas ansiosa y culpable si crees que son irresponsables, incapaces o débiles, en otras palabras "víctimas" que no pueden con su vida.

Es muy difícil negarte a dar o hacer algo por alguien que te importa cuando crees que esa persona no lo puede arreglar sola porque es débil o incapaz. Cuando alguien que amas se mete en un lío y lo percibes como víctima es muy difícil mantenerte ecuánime esperando que actúe. La ansiedad, el nervio, los miedos, la angustia se apoderan de ti y entonces prefieres hacerte cargo. Estar viendo cómo crecen los problemas puede ser asfixiante. Sin embargo, a veces esa persona que tanto amas necesita que sus problemas se hagan más grandes para atenderlos. Además, puede ser que lo que sucede es sólo tu percepción y que para la otra persona los problemas no existan, no sean tan graves o tal vez, simplemente, así quiera vivir.

Cada cabeza es un mundo. Tu manera de percibir la realidad no es la única ni es la verdadera. Pretender que los demás vean las cosas como tú y respondan como a ti te deja tranquila te mantendrá encarcelada en relaciones codependientes. El respeto es la llave que te sacará de la jaula.

Respetar es un ingrediente importante para crear relaciones interdependientes. Si te concentras en lo que es importante para tu bienestar, en estar en tu poder y respetas lo que tú deseas, tienes el primer paso cubierto. Lo siguiente es reconocer tu valor como ser humano y dejar de ligarlo a lo que haces por los demás.

Lo que aprendes a hacer para ti lo puedes hacer luego por los demás. Cuando tu autoestima es alta y estás en tu poder, puedes percibir a los que te rodean en su valor, poder y capacidad, respetando lo que desean para su vida. Ayuda sólo si te lo solicitan y de la manera que tú deseas. Poner límites sanos es más fácil cuando tu valor deja de depender de lo que das a otros. De esta manera te sales de los triángulos y creas relaciones sanas e interdependientes con personas poderosas en las que das y recibes estando tú también en tu poder. Dos personas poderosas forman un vínculo sano en el que el tubo de conexión es luminoso y brillante. Mientras más dan y reciben de una manera que nutre y empodera, mayor es el soporte que obtienen y el impulso que obtienen para ir hacia su vida. Esto facilita el logro de sus metas.

Lo que te da más felicidad son tus relaciones. Los tubos de conexión sólidos, luminosos y brillantes, llenos de energía de vida, te impulsan con fuerza hacia lo que deseas. Sola no llegarías tan lejos. Es normal y saludable necesitar de los demás y por eso la meta es convertir tus relaciones codependientes en interdependientes.

Las relaciones interdependientes se dan entre personas independientes que reconocen que hay necesidades que tienen que satisfacerse en sus vínculos con los demás. Son relaciones formadas por personas responsables, que se reconocen como valiosas y poderosas, se respetan a sí mismas y a los demás, piden lo que necesitan y aceptan cuando el otro no quiere o no puede darles lo que desean. Se permiten expresar su voluntad, aunque sea contraria a lo que los demás les solicitan. Transformas tus relaciones codependientes a interdependientes al incrementar tu autoestima, reconocer tu poder y conectar con tus verdaderos anhelos.

Si ocupas el centro de tu vida y llevas la dirección, nadie puede quitarte ese lugar.

Analiza tus relaciones tóxicas y reconoce qué tan codependiente eres

Contesta las siguientes preguntas para cada una de las personas con las que tienes una relación tóxica. Si son muchas tus relaciones tóxicas, elige la que te parezca representativa de lo que te sucede en tus dinámicas. Si tu respuesta es "a veces", "un poco", "más o menos", contesta sí. Sólo contesta *no* cuando es una situación que no te sucede:

- ¿Te haces cargo de los problemas que le corresponde resolver a ella/él?

  Sí ○   No ○

- ¿Sientes culpa/ansiedad/miedo o alguna otra sensación desagradable si no te haces cargo de lo que le ocurre?

  Sí ○   No ○

- ¿Te cuesta trabajo ponerle límites?

  Sí ○   No ○

- ¿Tiendes a "educarla", darle consejos o sugerencias?

  Sí ○   No ○

- ¿Crees que tú lo puedes hacer mejor que ella/él? ¿Te da más confianza encargarte tú que dejar que se encargue ella/él?

  Sí ○   No ○

- ¿Dejas a un lado lo que tú deseas o necesitas por apoyar a esa persona?

  Sí ○   No ○

- ¿Tiendes a ponerte después de ella/él?

  Sí ○   No ○
- Cuando no se "sacrifica" por ti como tú lo haces por ella/él ¿te da "sentimiento"?

  Sí ○   No ○
- ¿Te sientes mejor cuando tú la/lo ayudaste a resolver su problema que cuando lo solucionó sin tu apoyo?

  Sí ○   No ○

El número de respuestas afirmativas te indica qué tan codependiente eres en esa relación. ¡Ya sabes el camino para transformarte! Al final del capítulo te daré algunos ejercicios.

LEALTADES FAMILIARES

Las lealtades familiares son los vínculos de amor que te unen con tu familia. Podrías pensar que estos lazos son positivos porque uso la palabra *amor*, sin embargo, en la terapia familiar decimos que hay dos tipos de amor: el ciego y el sabio. El amor ciego es el que te ata a las dinámicas destructivas de la familia y el amor sabio es el que te conecta con lo mejor del sistema. Entender cómo funcionan te va a dar la clave para dejar de estar atrapada en tus relaciones tóxicas.

El amor ciego es el que te lleva a actuar de manera codependiente, cargando los problemas de otros miembros de la familia con el fin de ahorrarles su dolor. Como ya lo aprendiste, cada persona necesita vivir sus experiencias para integrar sus lecciones de vida. Al arrogarte lo de otros multiplicas el dolor y evitas que el otro crezca. Por ejemplo, planean un viaje de despedida de soltera para una amiga y justo antes de salir el novio la deja y la boda se cancela. El motivo del viaje ya no existe, la amiga seguirá soltera, al menos por un tiempo. ¿Cómo puedes demostrar tu amor a esa amiga? Si amas ciegamente sufrirás con ella, pero esto no la ayuda. Por más que la quieras, no puedes cargar su dolor. Sólo ella puede llorar sus lágrimas y sentir su pena.

El amor ciego crea desorden e impide que la energía de vida fluya con libertad. Esto sucede porque cuando cargas lo que le pertenece a otra persona dejas de cargar lo que a ti te toca y te sales de tu sitio. Al dejar tu lugar se forma un hueco por donde se pierde la energía de vida.

Usando el mismo ejemplo, el novio de tu amiga no te plantó a ti, ni a ninguna del grupo, sólo dejó a tu amiga. Si cada amiga del grupo se arroga el lugar de la novia, asumirá la historia como propia. Entonces sentirás un montón de emociones que no te corresponden. Si eres de las que se indignan y enfurecen, te darán ganas de desquitarte y vengarte por lo sucedido. Si esto les pasa a varias del grupo, pobre del hombre que se cruce con ustedes durante su viaje.

Si respetan lo que a cada una le toca vivir pueden sentir empatía ante sus historias sin darse cuerda. Tu amiga puede madurar con la experiencia, reponerse y luego conocer a alguien con quien pueda formar una buena relación. Lo que más la ayuda es que la veas en su fortaleza y que le den un nuevo sentido al viaje. Si el motivo sigue siendo la despedida por la boda, las amigas, por amor ciego, se arrogarán el duelo y se la pasarán hablando de eso. En cambio, si es un viaje de convivencia, en la que todas pueden compartir sus alegrías y sus penas, se nutrirán y aprenderán de las diferentes experiencias de vida; de esta manera transforman su amor de ciego a sabio.

El amor sabio es el que respeta lo que a cada persona le toca vivir. Es un amor que empodera y que ayuda a que cada persona se conecte con lo más elevado de sí misma y de su sistema familiar. El amor sabio te ayuda a encontrar las soluciones a los problemas que enfrentas. El amor sabio es humilde, y cuando te dejas guiar por él te sientes "pequeña" y grande a la vez, como si tu cabeza tocara el cielo mientras que tus pies están colocados firmemente sobre la tierra.

Por amor a tu familia eliges y mantienes las relaciones que tienes. Naces con un reglamento familiar que dirige tu vida de muchas maneras. La mayoría de tus acciones, decisiones, actitudes, creencias, pensamientos y sentimientos surgen de lo que se establece en este reglamento familiar, aunque tú lo desconozcas. Cada sistema familiar tiene sus reglas y los miembros de la familia se sienten obligados a cumplir con ellas. Estas reglas están grabadas en tu subconsciente, aunque algunas te las repitieron tanto y fueron tan evidentes en tu educación que las puedes identificar claramente. Sin embargo, las reglas que más te afectan, las más peligrosas para ti, están ocultas en el nivel subconsciente.

Cuando algo está a nivel subconsciente lo haces sin darte cuenta de lo que sucede. El primer paso para resolver un problema es reconocer que existe. De igual manera, para poder experimentar el amor sabio necesitas reconocer los enredos del amor ciego y evitar caer en ellos. El amor ciego es el que te guía para que hagas "lo correcto", es decir, lo que va de acuerdo con las reglas de tu familia. Cuando rompes estas reglas te sientes ansiosa y culpable, igual que le pasa a un niño pequeño que hace algo prohibido. Esta culpa y ansiedad pueden ser tan fuertes que, con tal de no sentirlas, dejas de hacer lo que es bueno para ti y lo que realmente deseas.

La lealtad familiar se refiere a seguir sus reglas por amor ciego, cargando el dolor que han sufrido otros miembros de tu familia y multiplicándolo. Esto es justamente lo que haces cuando repites historias familiares. Por ejemplo, cuando varias mujeres de la familia se divorcian y crían a sus hijos solas. Podrían reconocer lo sufrido, aprender la lección y pasar el conocimiento adquirido a las siguientes generaciones evitando que vuelva a suceder. Sin embargo, en vez de hacer eso, la historia se graba como regla familiar, se repite y se multiplica. El dolor se incrementa y en cada generación la historia se graba aún más.

Aunque tal vez no conozcas estas reglas, actúas y generas situaciones para cumplir con ellas. Al cumplir con las reglas de tu familia eres leal y te sientes en paz. Es como si fueras una niña buena e inocente que obedece a sus mayores sin cuestionar lo que es mejor para ella.

Generalmente tus deseos conscientes son opuestos a las reglas familiares. Esto significa que para realizarte como persona tendrías que romper las reglas de tu familia, asumiendo el sentimiento de culpa que te da hacerlo. Tendrías que fortalecerte para tolerar la ansiedad de hacer las cosas de una manera diferente a lo que dicta el reglamento familiar.

La culpa que surge al romper las reglas de tu familia es muy fuerte, tanto, que la mayoría de las personas prefiere renunciar a lo que desean que ser desleales con su familia. Tienes que empoderarte y esto lo logras con trabajo personal. Este libro te va a ayudar a lograrlo.

Hay tres claves que te indican que tu vida ha estado dirigida por lealtad familiar:

1. Logras lo que quieres para luego perderlo.

   Por ejemplo: *El mayor sueño de Consuelo es tener una mejor amiga, es decir, alguien que la considere "su mejor amiga". Eso le daría el reconocimiento y la validación que tanta falta le hacen. Cada vez que hace una amiga y piensa que lo ha conseguido por el nivel de intimidad, la conexión y la complicidad que comparten, llega otra amiga y se la gana, quitándole su lugar de la "número uno".*

2. Luchas con mucho esfuerzo para conseguir lo que deseas y no lo logras.

   Por ejemplo: *Beatriz anhela recibir la aprobación de sus padres, ambos muy exitosos profesionalmente. Todos los intentos que hace para llamar su atención y hacerlos sentir orgullosos de ella fracasan.*

3. Logras lo que deseas y pasa algo que te impide disfrutarlo.

   Por ejemplo: *Patricia siempre soñó con ser madre. Desde el principio de su embarazo planeó cómo deseaba que sucedieran las cosas. Cuando nace su bebé todo es perfecto, sin embargo ella se siente ansiosa e insegura, no entiende por qué no puede ser feliz y disfrutar a su hijo.*

Cuando mantienes una relación tóxica por lealtad a tu familia te sientes muy frustrada. Puede ser que has probado varias alternativas y lo has trabajado de muchas maneras, pero es como si existiera un límite invisible que te impide sanar esa manera de relacionarte. Tal vez lo vives en una relación específica o con historias que se repiten. El caso es que ni lo resuelves ni lo dejas ir porque te sigue afectando. Romper este límite es romper la lealtad con el sistema familiar.

Es posible que el patrón que adquiriste por lealtad a tu familia te haya sido útil por mucho tiempo, pero en este momento te impide desarrollarte plenamente. Así sucede con las lealtades. Cuando no puedes responder a las situaciones de acuerdo con tus verdaderos deseos o necesidades, te desconectas de ti misma.

Por ejemplo, en mi familia la regla es hacer siempre el mayor esfuerzo. Ese patrón me ayudó a ser muy buena alumna y a sobresalir en lo que hago. Ése es el beneficio que me da tener esa lealtad. Sin embargo, también es posible hacer las cosas fácilmente y darse un respiro al no tener que dar siempre lo mejor uno misma. Tener abiertas las posibilidades para actuar de diferentes maneras de acuerdo con lo que quiero me haría más feliz. Tener que hacerlo siempre excelente, con mi mayor esfuerzo, es limitante.

Conocer las reglas de tu familia y tomar sólo las que te nutren con amor sabio es la solución. Lo que sufrieron en tu familia con sus historias tristes fue suficiente, ¡ya no tienes que repetirlo! "Ya se pagó el precio" es una frase que usamos en constelaciones familiares, una metodología de terapia familiar, para que dejes ir el dolor y disfrutes de tu vida. Transforma tu amor de ciego a sabio eligiendo tus propias historias, al honrar el destino de cada quien.

Analiza tus relaciones tóxicas y reconoce si las mantienes por lealtad familiar

Contesta las siguientes preguntas para cada una de las personas con las que tienes una relación tóxica. También puedes elegir la relación que te parezca representativa de lo que te sucede. Si tu respuesta es "a veces", "un poco", "más o menos", contesta sí. Sólo contesta *no* cuando es una situación que no te sucede:

- ¿Lo que sufres en tu relación se parece a alguna historia familiar?

  Sí ◯   No ◯

- ¿Estás respondiendo a la situación que vives como le gustaría a tu madre, a tu padre o a algún otro miembro de tu familia?

  Sí ◯   No ◯

- Si en esta relación hicieras lo que tú verdaderamente deseas, ¿alguien de tu familia se enojaría contigo?

  Sí ◯   No ◯

- ¿Crees que le fallas a alguien de tu familia si terminas esta relación?

  Sí ◯   No ◯

- ¿Sientes culpa al pensar terminar esta relación?

  Sí ◯   No ◯

El número de respuestas afirmativas te indica qué tanto te enredas en tus relaciones tóxicas por las lealtades familiares. Si en tu familia hay muchas historias trágicas y relaciones tóxicas, te recomiendo mi libro *Sana tu familia* que te ayudará a entrar profundo en este tema.

CASOS DE LA VIDA REAL

Estas historias te muestran cómo las relaciones tóxicas te atrapan y te llevan a perder tu esencia. Están basadas en casos de terapia, pero cambié los nombres y algunas situaciones específicas de la vida de los consultantes, con el objetivo de proteger su identidad. Trata de reconocer los elementos que hacen que los protagonistas de las historias se mantengan enredados sin poder salir de la situación que viven. Entender cómo funcionan las dinámicas tóxicas te ayudará a reconocer las que tú sufres. Si además logras identificar lo que tú haces para involucrarte en tu propio enredo, podrás actuar diferente y transformar lo que sucede. ¡Tienes mucho más poder del que has asumido hasta ahora!

Para tener acceso a tu poder tienes que responsabilizarte de lo que ocurre en tus relaciones tóxicas. La responsabilidad trae poder, por eso es muy importante hacer lo que te propongo. Reconoce aquellas actitudes que se parecen a las tuyas, y si te identificas con alguna pon atención en la dinámica destructiva. Cuando tomas conciencia de lo que te mantiene atorada en tus relaciones tóxicas puedes ir cortando los lazos que te atrapan.

En este capítulo te has enfocado en comprender cómo son los nudos de las cuerdas que te amarran a esas personas que succionan tu energía vital. Te podrás desatar fácilmente una vez que entiendas cómo van los hilos que forman el nudo, porque tirarás del correcto para soltarte. Si anteriormente has fracasado en tus intentos de zafarte es porque has estado tirando de los hilos incorrectos, apretando los nudos que te atrapan en lugar de aflojarlos. Concéntrate en los hilos que tú controlas y conseguirás liberarte.

Olivia

Desde pequeña armó su plan de vida y todas sus elecciones giraron alrededor de él, confiando ciegamente en que iba a suceder tal cual. Eligió una carrera sólo por estudiar algo, ya que nunca pensó en trabajar, ni en la posibilidad de que tuviera que hacerlo. Pensaba casarse terminando la universidad con el hombre "adecuado", tener dos hijos, de preferencia un niño y después una niña, y luego dedicarse a ser "ama de casa". Su visión incluía una vida acomodada, en la que su generoso marido era un buen proveedor, contaban con ayuda eficiente en el hogar y ella podía hacer lo que le gustaba, como ir a desayunos, al gimnasio y mantener un buen aspecto con tratamientos de belleza. Su plan también incluía viajes increíbles, romance con su esposo e hijos adorables.

En su familia de origen así habían sido las cosas, al menos desde su perspectiva. Sus padres siguen juntos, en una relación armoniosa, su madre se dedica al hogar con ayuda eficiente, su padre es un buen proveedor y les ha dado una vida abundante. Su hermana mayor ya se casó y su marido "cumple" el patrón. Su hermano también cumple el patrón y es un buen esposo proveedor con su cuñada. Así que nada la hacía dudar de que su historia fuera igual.

Todo iba de acuerdo con el plan: se casó enamorada terminando la universidad con el candidato "adecuado", un hombre de buena familia, con carrera profesional, trabajador, inteligente, sano y atractivo. Tuvieron un niño y luego una niña, ¡justo cómo quería! Contaba con ayuda en el hogar que los apoyaba con los niños, la limpieza y la cocina. Ella iba a desayunos, al gimnasio y a sus tratamientos de belleza. Sólo había un "pequeño" problema: el dinero no les alcanzaba.

Hacían las cosas de acuerdo con su plan y sus deseos, sin tomar en cuenta los ingresos, que estaban muy por debajo del nivel de vida al que estaban acostumbrados. Durante años funcionaron de esta manera, pidiendo préstamos y sacando dinero de los padres, amigos, familiares y de donde pudieran.

Olivia llegó a mi oficina desesperada. Necesitaba una sesión urgente para destrabar la economía de su marido. Su meta era transformar a su esposo en un buen proveedor y así terminar con los problemas que enfrentaban.

¡Sería estupendo tener una varita mágica para cambiar lo que no te gusta del otro! La cosa es que sólo tienes el poder sobre ti. Al cambiar tú, cambia lo que te rodea. Sin embargo, Olivia no quiere cambiar. Lo que no le gusta es cómo genera dinero su marido. Sólo quiere cambiar esa "partecita" de su vida. En su percepción, ella ha cumplido con todo lo que le tocaba. Durante la sesión se rehúsa a cambiar su parte, que es en lo único que yo puedo ayudarle.

¿Cuál es su parte?

Olivia participa en la dinámica de muchas maneras. Voy a mencionar algunas para que te des una idea de por qué te quedas atrapada en las relaciones tóxicas:

1. *Se apega a su plan*

   Olivia tiene una idea fija de cómo tienen que ser las cosas y se apega sin abrirse a otras opciones. Al creer que ésa es la mejor manera se cierra a oportunidades que la vida puede traerle y que no ha imaginado.

2. *Se resiste a cambiar*

   La situación es diferente de la que ella vivió con sus padres. Su nivel económico es otro y así fue desde el inicio del matrimonio. Ella se rehusó a reconocerlo y se llenó de deudas económicas que ahora son impagables.

3. *Se percibe como una víctima del triángulo de codependencia*

   No reconoce su poder ni su responsabilidad en lo que vive. Tampoco desea asumirlos. Prefiere que las personas que la quieren la salven prestándole dinero y empatizando con su situación. Cuando escuchas su historia tienes dos opciones:

o estás de acuerdo con ella pensando que el marido no "cumple" o estás en contra de ella, si crees que la responsabilidad de mantener a la familia podría ser asumida por ambos. Si la miras en su poder, capaz de generar abundancia para ella y su familia, cree que no la entiendes.

4. *Le da su poder al marido*

   Cuando trata de resolver su problema, toda su atención está centrada en su esposo, en lo que él hace mal y lo que tendría que hacer distinto. Al lidiar con el problema poniendo toda su atención y energía en el esposo se queda sin los recursos que podría utilizar para salir de la situación. En cambio, si centrara la atención en ella, en cómo ella se rehúsa a salir de su zona conocida, las cosas cambiarían porque tendría el poder de hacer las cosas diferente.

5. *Le es leal a su familia*

   Sigue las reglas familiares al pie de la letra: las mujeres se quedan en tareas del hogar, esperando que el hombre sea el que resuelva y provea. Por un lado, esto la hace sentir cuidada, por el otro está limitada a lo que su marido le pueda dar. Si quiere algo diferente tendría que romper algunas reglas familiares. Entonces tendría muchas otras opciones, entre ellas: cambiar de marido por uno que genere abundantemente, generar ingresos haciendo algo que disfruta, despegar profesionalmente descubriendo una pasión desconocida, tener una relación con su actual esposo en la que comparten equilibradamente las funciones del hogar y de generar ingresos para la familia.

¡Cuando rompes las lealtades familiares tus alternativas son infinitas!

Aun con la sesión, Olivia no pudo darse cuenta de que su situación podría ser un regalo para ella. Si ella hubiera estado dispuesta a transformar su parte, podría haber contactado con su lección de vida, aprenderla y recibir las recompensas que surgen al crecer.

A mí me pasó algo similar, sólo que mi respuesta a la situación fue distinta a la de Olivia. Al casarnos, mi esposo y yo acordamos que al momento de que tuviéramos hijos yo me dedicaría al hogar y él se encargaría de mantenernos, para que yo me dedicara a criarlos de pequeños. Cuando nació nuestro primer hijo él no se sentía contento con su trabajo, se deprimió y renunció. Lo pasamos muy difícil. A partir de esa experiencia yo decidí hacer lo que se necesitara para que mis hijos y yo viviéramos bien. Asumí internamente la responsabilidad, y si tenía que ser la proveedora, lo haría, aunque con un niño recién nacido no veía cómo generar dinero en la cantidad que se requería. Lo más importante fue la decisión de salirme de la víctima y dejar de esperar que mi marido resolviera. Yo era responsable de crear la vida que deseaba vivir.

Sufres cuando delegas lo que es importante para ti en una persona que no te responde. Es mejor reconocer lo que el otro te puede dar, y responsabilizarte de tu bienestar. Eso hice con mis hijos al ver que su padre no respondía.

Al tomar esa decisión, la vida me ha respondido fabulosamente. Gracias a que tomé mi poder al asumir mi responsabilidad, despegué profesionalmente y mi vida dio un gran giro. ¡Muchas personas se han beneficiado!

Si pones la atención en cómo participas tú en lo que vives dentro de tu relación tóxica, descubrirás las áreas en las que necesitas transformarte. A veces esto puede ser muy confrontante, pero sé que tienes el valor de observarte. Reconoce si algo de lo que hace Olivia se parece a lo tuyo. Recuerda que siempre tienes varias opciones. Reconoce cuáles estás eligiendo que te mantienen atorada en las dinámicas que vives. Cada uno de los casos de la vida real te dará mayor claridad.

Magda

Magda es una mujer inteligente y de buen corazón. Se casó con su gran amor, aunque vivió peleando con él porque no se cuidaba como debería. Estuvieron muchos años casados y tienen un hijo maravilloso que los visita continuamente. Ella vivía preocupada por la salud de su marido, lo perseguía y regañaba para que se tomara sus medicinas y dejara las copas, los postres y el cigarro. Él disfrutaba de la vida, sin ningún interés en seguir las indicaciones del médico.

Luego de años, Magda llegó deprimida a mi consulta. Quería establecer comunicación con su marido y le dijeron que yo podía platicar con los muertos. Siente que le falló porque no lo cuidó bien. Si ella le hubiera transmitido la importancia de hacerlo, él no habría muerto. Si ella hubiera tomado otras decisiones, cambiado de hospital, probado otros tratamientos, tal vez su marido estaría vivo. Tiene muchas preguntas, necesita respuestas y las obtiene. Sólo que eso no la deja tranquila.

Sigue aferrada a su marido y lo quiere vivo. Hacerle preguntas a través de mí no le funciona ni satisface, no es lo mismo porque él ya no es el mismo. Él cambió porque está muerto, ella no lo acepta.

Tenían una relación tóxica cuando él estaba vivo y ella lo lamenta. Durante las sesiones repasa las peleas horribles que tenían sintiéndose muy culpable. Vive en el pasado, pensando en cómo regresar el tiempo para cambiar lo que sucedió y tener a su marido de vuelta.

Su atención está en lo que él hizo y en lo que ella hizo, buscando opciones diferentes. Observar lo que ella hace ahora no le interesa.

Magda puede estar años en terapia sin mejorar, a menos que elija enfocarse en el presente y quiera cambiar algo. Sólo puedes crecer si estás dispuesta a modificar lo que haces o lo que piensas ahora. ¡Cualquier pequeño cambio hará una diferencia! Pero lo tienes que decidir tú, nadie lo puede hacer por ti.

¿Cómo se mantiene Magda atrapada en la relación tóxica con su marido muerto, con su hijo, consigo misma y con la vida? Te doy algunas ideas:

1. **Está apegada a su marido**

   Magda no acepta que su marido está muerto, se rehúsa a vivir sin él. Este apego no le permite convivir en armonía con las personas que están vivas y la quieren. Sin darse cuenta, está repitiendo la historia, y si alguna persona de las que ama muere, ella va a lamentar lo que está haciendo ahora. Tampoco reconoce cómo al apegarse a un muerto ella deja de vivir. Tiene lo peor de ambos mundos, ni vive alegre con los vivos, ni descansa en paz con los muertos.

2. **Vive en el pasado**

   En lugar de poner su atención en el presente usa su tiempo y energía en pensar en cosas que no puede arreglar porque ya pasaron.

3. **Tuvo y tiene una relación codependiente con su marido**

   Gira alrededor de su marido, aunque él está muerto. Lo perseguía para que se cuidara, se resiente con él por no haberlo hecho y se siente desolada porque nada de lo que hizo sirvió para conservarlo con vida más tiempo. Brincó de un rol a otro en el triángulo de la codependencia: fue perseguidora, salvadora y víctima. Sigue pasando de un rol a otro con ella misma, con su marido y con la vida, haciendo todo el drama en su mente.

Las relaciones tóxicas existen más allá de la muerte o de la presencia de esas personas en tu vida. Si tomas tu responsabilidad y tu poder, te sales del triángulo.

4. *La lealtad familiar del hijo*

Desde la muerte de su padre, cada vez que el hijo llega de visita duerme en la cama que era de sus padres con ella, ocupando el lugar que era de su padre, para acompañar a su madre. Magda se siente muy feliz porque su hijo es lo más parecido que hay a su marido. Además, ahora mismo tiene la edad que su marido tenía cuando se conocieron y enamoraron. Tener a su hijo en casa y dormir con él abrazados le encanta. Ésta es una de las pocas cosas que le dan alegría.

El hijo tuvo una relación de pareja que terminó al poco tiempo de morir su padre. Dedica mucho de su tiempo libre a la madre queriendo aligerar su dolor lo más posible. No ha vuelto a sentirse interesado por alguna chica.

¿Tú crees que el hijo está abierto a tener una novia? ¿Tú crees que el hijo va a encontrar una pareja que entienda la situación que él vive con la madre? Si el hijo visita a su madre con una novia, ¿con cuál de las dos dormirá? ¿Te das cuenta de lo difícil que es esto para el hijo? Si tiene novia le fallará a alguna de "sus mujeres", a su madre o a la novia. Por eso mejor no tiene novia.

Por desgracia muchos padres y madres de familia no se dan cuenta de los líos en que meten a sus hijos cuando los colocan en un lugar que no les corresponde, especialmente cuando los meten en su cama. Éste es un tema que da para mucho, así que te lo explico brevemente: la cama de los padres es de la pareja, que está en una jerarquía mayor a la de los hijos. Es común que al hijo o a la hija le encante la idea de dormir en la cama de los padres, ¿a quién no le gusta subir de jerarquía? Sin embargo, con ese "aumento" de nivel en la jerarquía también llega una carga familiar que le daña. Al permitir que tu hijo duerma contigo estás cargándolo con un paquete que no le corresponde.

Hay muchas otras razones para que no metas a tus hijos en tu cama, pero ésta me parece la principal. Obviamente, hay excepciones, como cuando tu hijo está enfermo y requiere que supervises su salud durante la noche, o no hay espacio para dormir y tienen que compartir la habitación y la cama.

Si quieres entender más sobre las dinámicas familiares y las jerarquías, encuentra la información en mi primer libro *Sana tu familia*. Si no lo has leído, es importante que lo hagas ya que las relaciones tóxicas inician por lo que aprendes en casa y lo que tomas de tu familia.

Ignacio

Ignacio, un exitoso profesionista recién casado con su segunda esposa, tiene una relación tóxica con su hija única, una consentida joven que fue el centro de la vida de sus padres desde que nació. Él desea lo mejor para su hija: una buena educación, que esté saludable y que tenga buenos amigos. Ella no estudia ni trabaja, se emborracha y se lleva con chicos adictos que se la pasan de fiesta. No parece que le interese esforzarse por avanzar, lo que quiere es sacarle a su padre la mayor cantidad de dinero posible.

Ignacio se siente drenado, y ha tratado de motivarla y "enderezar" su camino. Han tenido largas pláticas, han hecho acuerdos, le ha puesto buenos límites, la ha castigado, le ha conseguido psiquiatras, terapeutas, los mejores especialistas, pero todo ha sido sin obtener los resultados deseados. Su hija dice que quiere cambiar y no lo hace. La hija fue uno de los principales motivos del divorcio con su primera esposa, madre de esa hija, ya que él esperaba que ella se ocupara de educarla y sacarla adelante, mientras él trabajaba para darles todos sus gustos, que eran muchos.

Ignacio protege su nuevo matrimonio al no permitir que su hija los visite y ni siquiera le da la dirección de su casa. ¡Sabe que su hija es capaz de dañarlo en lo que más le duele! Especialmente cuando él no cede a sus caprichos.

¿Qué mantiene atrapado a Ignacio en la relación tóxica? Serán padre e hija toda la vida, así que esa relación no puede terminar. Si Ignacio se responsabiliza de lo que ha hecho con su hija desde el momento que nació, descubrirá lo que necesita hacer ahora para transformar la dinámica:

1. *Apego a una hija ideal*

    Ignacio tiene una imagen de lo que es una buena hija y ha tratado de hacer encajar en ella a la suya. Esa imagen incluía una hija con excelente desempeño escolar y ambiciosa profesionalmente, como él. Su hija no posee esas cualidades, y por más que se hubiera esforzado no llegaría a satisfacer las demandas del padre. Al no soltar a tiempo ese apego, Ignacio generó una dinámica en la que su hija fallaba una y otra vez. Esto sucedió por muchos años y ahora es lo único que conoce su hija: cómo desilusionar a su padre.

Los hijos sólo desilusionan a sus padres cuando hay expectativas. Si Ignacio deja ir las ideas de lo que es una "buena" hija podrá encontrar una mejor manera de vincularse con la suya. Desapegarse de las imágenes creadas ayuda a reconocer lo que es realmente, conociendo a las personas tal como son ahora, sin fantasías. A partir de esa nueva percepción, la relación puede empezar a sanar.

Si la hija lo trata de una manera grosera o irrespetuosa, exigiéndole dinero, él puede poner la distancia que desea. Eso es diferente de colocar una etiqueta mental en la que determina que su hija es "mala" y le falla porque no encaja con la imagen ideal que tiene. Respetar la libertad que tiene la hija para decidir cómo quiere comportarse con él lo liberará para tomar las medidas que considera adecuadas y proteger su bienestar. Dejará de actuar de acuerdo con un ideal y responderá a lo que sucede realmente.

2. *Codependencia*

Mientras la hija crecía, la familia vivió en un triángulo, turnándose los roles. Eso es lo que conoce la hija y es una experta víctima. Ignacio está acostumbrado a salvarla o perseguirla y continuamente cae en esos roles, sintiéndose incómodo de cualquier manera. Cuando hay una celebración y desea que su hija comparta con su nueva familia, la situación es muy tensa. Su hija está acostumbrada a recibir toda la atención y se la demanda de una u otra manera. Haga lo que haga, él sufre porque no puede convivir con sus seres amados en paz.

Cuando él reconozca cómo se mete en el triángulo y recupere su poder, dejará el patrón de la codependencia. El primer paso es dejar de ser una víctima, es decir, dejar de sentir que no tiene poder. Si renuncia a cambiar a su hija y acepta a la que tiene, asumiendo la responsabilidad que le corresponde en la crianza que le dio, podrá enfocarse en lo que él desea hacer en estas circunstancias. ¿Desea convivir con su hija? ¿Quiere seguirla "enderezando"?

Al enfocarse en sí mismo dejará de ser el perseguidor, salvador o víctima de su hija. Sólo que presenciar cómo un hijo destroza lo bueno que le has dado como padre o madre es muy doloroso. Mantener un buen balance entre la responsabilidad y la culpa real es importante, para no cargar de más ni de menos, permitiendo que la hija adulta aprenda sus lecciones y dirija su vida como desea.

3. *Lealtades familiares*

Cuando nació la hija fue el centro de la vida de sus padres. Sin darse cuenta, los padres pusieron a la niña entre ellos, en la misma jerarquía. Le dieron mucho poder y atención inadecuada. La niña construyó una personalidad fuerte y caprichosa, ya que así obtenía lo que quería, pero se sentía poco valiosa porque lo que esperaba su padre de ella no estaba en su capacidad. Debido a que no podía ser como su padre, se cerró a recibir lo bueno que llegaba de ese linaje y se hizo como su madre. Las características de su madre son evidentes en ella y no tiene ambición para generarse una profesión que le guste y con la que pueda ganarse la vida, cualidad que viene del padre.

Además, con el divorcio se convirtió en el arma de venganza que usa la madre para desquitarse del padre, que no le quiso dar todo lo que ella esperaba. Ahora la hija está enredada en la guerra de sus padres, lastimando a su padre por lealtad a su madre. Y todo esto sucede sin que ella se dé cuenta realmente de por qué actúa así. La más afectada y la que pagará grandes consecuencias será la hija.

Lo que Ignacio puede hacer si desea transformar esto es realizar un trabajo interno con su sistema familiar. Hay muchos ejercicios que le pueden ayudar a fortalecer su linaje. Al recibir mucho de sus ancestros incrementará la fuerza con la que descarga la energía de vida y podrá traspasar las barreras que hay en el vínculo con su hija.

Haces lo mejor que puedes con tus hijos. Con el tiempo aprendes y te das cuenta de los errores que cometiste, sintiendo lamentos y arrepentimientos. Te sugiero canalizarlos haciendo algo positivo para sanar la situación. No puedes cambiar el pasado, pero sí puedes transformar la energía de vida que fluye hacia tus descendientes. Si deseas información sobre cómo realizar un trabajo interno para sanar tu linaje, puedes consultar mi página web y mis redes sociales. ¡Ésa es una buena manera de compensar lo que hayas hecho!

Julieta

Julieta está muy comprometida con el crecimiento personal y le fascinan los temas profundos que la ayudan a ser mejor. Tiene muchos sueños que trata de lograr aplicando lo que aprende. Se siente frustrada porque a pesar de todo el tiempo, energía y dinero invertidos no avanza como desea. Julieta cree que los resultados no reflejan su esfuerzo y no sabe en qué está fallando.

Hay dos sueños especialmente importantes para ella: tener una buena relación de pareja con la cual pueda formar una familia y triunfar profesionalmente. Sin embargo, ninguna relación de pareja "cuaja" y sus proyectos de trabajo no despegan ni le dan abundancia. En los últimos años ha ido acumulando una larga lista de fracasos.

Además de esto, se siente insatisfecha porque su vida social la aburre, desprecia su cuerpo y se siente desconectada de su familia de origen ya que cada vez que platican surgen discusiones estúpidas. Si trabaja tanto en ella misma ¿por qué siente que su vida está de cabeza?

Cuando tu vida no avanza como deseas es porque estás en una relación tóxica, enredada con el tubo de conexión que tienes con alguien que te succiona la energía de vida. Generalmente estás hecha un nudo entre varios tubos de conexión, en otras palabras, sufriendo varias relaciones tóxicas, y lo más probable es que ni te das cuenta por lo acostumbrada que estás.

Analicemos el caso de Julieta, posiblemente te identifiques en algo:

1. *Apego a sus sueños*

   Las claves para lograr lo que deseas son: tener claro lo que quieres, crear los cambios para convertirte en la persona que cumple esos sueños y realizar las acciones que se necesitan para lograrlos. Cuando llevas a cabo todo esto sin apegarte al resultado puedes descubrir dónde están tus errores con una mirada objetiva y madura. Si te apegas al resultado toda tu atención estará en la meta y dejarás de estar presente con lo que ocurre contigo en el momento presente. Esto te desconecta de tu sabiduría, evitando que hagas lo que tendrías para corregir el rumbo. Vas tan enfocada en la meta, como una flecha, sin darte cuenta de que disparas en otra dirección.

Eso le pasa a Julieta, que por estar tan apegada a lo que quiere pelea con lo que sucede sin observar los pasos que da en su camino para conseguirlo. Cuando lo hace se da cuenta de que no tiene tan claro lo que quiere. Por ejemplo, a su "pareja ideal" la describe en general, sin definir las características que le parecen indispensables. Entonces termina aceptando a alguien inadecuado para formar una familia. Al no tener una "brújula" que le dé claridad en la dirección que debe tomar, empieza a salir con alguien y luego se frustra cuando la relación termina porque el hombre en turno: vive lejos, no desea casarse, ya tiene hijos de una relación anterior y no quiere tener más o no genera un ingreso y ella tendría que mantenerlo. Desde el principio era evidente que con ninguno de ellos la relación podría funcionar, sólo que ella no lo vio por su apego.

Lo mismo pasa en su trabajo, ya que se lanza en proyectos sin hacer un plan completo, analizando qué tan viable es. Ella prefiere fluir y actuar por intuición. Hace muchos ejercicios de terapia y cree que pronto debería de tener resultados por todo el trabajo que ha hecho. Piensa que tal vez no ha sucedido porque no ha sido el momento propicio, no ha tenido suerte o las cosas no se han dado.

Generalmente lo que te ocurre es por cómo lo haces y no porque "así tenía que ser". Si te equivocas no van a salirte las cosas como quieres, así de simple. Tu trabajo es revisar si hay algo que puedes hacer mejor y dejar de fantasear. Tu mirada tiene que estar en lo que quieres lograr, en cómo eres y si te comportas de la forma que se necesita para conseguirlo. Cuando te apegas a la meta pones toda tu atención en el objetivo y dejas de ver lo que tú eres y haces.

Desapégate del objetivo, libérate de las obsesiones y fantasías, utiliza tus sueños como un motor, mantente aterrizada y observa tus pasos, así llegarás a la meta.

Julieta necesita estar más aterrizada antes de lanzarse en otro proyecto de trabajo, arrastrar el lápiz y revisar si le dejará ingresos. Ante una posible pareja debe analizar si el candidato posee las cualidades que ella desea antes de salir con él. Usar el corazón y la cabeza, haciendo un buen equipo, siendo realista, adquiriendo las herramientas prácticas que le hacen falta.

2. *Resistencia al cambio*

Julieta disfruta mucho los talleres de crecimiento y las terapias, pero cuando se trata de actividades mundanas y prácticas se resiste. Prefiere hacer un ejercicio de terapia de constelaciones para la abundancia que realizar un presupuesto mensual. Con entusiasmo pone un altar para atraer el amor, pero pospone subir sus fotos y perfil a una página de citas por internet. Se resiste a hacer las cosas diferente.

Si haces lo mismo que antes obtendrás un resultado parecido. Observa qué te ha faltado y, aunque te cueste más trabajo porque es algo nuevo, estírate, crece y prueba. ¡La experiencia vale la pena! Sacudirse los miedos es liberador.

El crecimiento implica hacer las cosas diferente. Cuando cambias lo haces por dentro y por fuera. Tus cambios se notan, tanto los que te benefician como los que te dañan. Si te observas objetivamente podrás notar lo que has estado haciendo mal y corregir lo que no te gusta dejando de resistirte a aquello que sabes que requieres.

3. *Codependencia*

Julieta es codependiente. Le cuesta trabajo poner límites y tiene que estar muy enojada para decir lo que quiere. Se aguanta, se aguanta y se aguanta… hasta que estalla. A veces explota, queriendo mandar todo "a la goma", a veces implosiona y se enferma. Percibe con facilidad las necesidades de los demás y se pierde tratando de hacer lo que está en sus manos para que "el grupo" esté bien. Al tratar de mantener la armonía de todos se olvida de ella hasta que está agotada.

Ella no se pregunta lo que quiere, se enfoca en detectar lo que "se puede" y eso es lo que elige. Como cuando abres el refrigerador de tu casa y miras lo que hay para prepararte algo de comer. Esto está bien cuando lo tienes abastecido, pero ¿qué pasa si está casi vacío? Hay personas que se la pasan adaptándose a lo que tienen en sus refrigeradores vacíos. Una persona saludable, que valida sus deseos y necesidades, ante un refrigerador que está vacío, ¡va de compras!

Cuando Julieta no puede tener lo que desea trata de ser positiva y adaptarse a lo que hay, viéndole lo bueno. ¡Tal vez mañana sea mejor! Pero la situación sólo va a mejorar si tú haces que mejore. Siguiendo con la metáfora, esto equivale a hacer una lista de lo que quieres comer, tener el dinero para comprarlo, trasladarte a la tienda donde lo venden, traerlo a casa y meterlo en el refrigerador. La comida no va a aparecer mágicamente en tu cocina, por más que lo desees, hagas oración o ejercicios de terapia.

Lo mismo pasa en tus relaciones. Si tú no haces lo que se requiere para obtener lo que deseas de los demás, las cosas no van a mejorar. Si quieres que te dejen de pisar, deja de ser un tapete. Si ya pusiste límites y no los respetan es porque hay más de fondo. En el ejemplo del refrigerador, para llenarlo diste varios pasos. Para cada cosa que quieres lograr tienes que llevar a cabo el ciclo completo, si falta un pequeño paso no obtienes el resultado que deseas.

El patrón de la codependencia es enredoso y tienes que descubrir cómo te estás moviendo en los roles para salirte del triángulo. Julieta pone a los demás como víctimas y por eso no les pone límites. Ella se estira y se sacrifica, hasta que termina sin fuerzas, como una víctima. Tiene que reconocer que esta actitud está dañándola a ella y a los que quiere. Cuando se empodere y perciba a los demás en su poder dejará de hacerlo, pudiendo actuar con congruencia, alineada con sus metas. Se conectará con su familia de origen y se sentirá sostenida, nutrida e impulsada hacia la vida. Entonces sus vínculos la ayudarán a lograr lo que sueña.

4. *Lealtades familiares*

Julieta le es leal a su familia al quedarse soltera sin triunfar profesionalmente. Las mujeres de su familia no han logrado sus sueños, se han sacrificado por los demás y se quedan pequeñas para no hacer sentir mal a los hombres. Ésas son las reglas de su sistema y ella las cumple subconscientemente.

¿Cuántas reglas familiares tendrás que te dirigen sin que lo sepas? Para liberarte de las cuatro razones que te mantienen atrapada en relaciones tóxicas te doy estos ejercicios.

EJERCICIOS PARA DEJAR IR LO QUE TE MANTIENE ATRAPADA EN RELACIONES TÓXICAS

Te comparto algunos ejercicios para que te reprogrames y transformes, dejando ir los patrones de apego, resistencia al cambio, codependencia y lealtades familiares que te mantienen atrapada en las relaciones que sufres. Dependiendo del tamaño de tu problema será el trabajo que requieres para liberarte. Estos ejercicios los puedes hacer varias veces y para cada una de las relaciones que identificaste como tóxicas. Te sugiero que elijas la relación tóxica que más te interesa y realices todos los ejercicios con esa relación. Los cambios se notan al realizar un trabajo honesto y tomar las acciones concretas adecuadas. Tú eres quien se califica.

1. Identifica tu apego y libérate de él

Elige la relación tóxica con la que realizarás este ejercicio. Reconoce algo a lo que te estás aferrando y que no te deja dar el siguiente paso. Esto es algo que necesitas aceptar perder para crecer. Completa la siguiente frase y repítela en voz alta hasta que la digas con voz natural, aceptando qué es lo que has hecho hasta ahora y que ya estás cien por ciento convencida de que quieres dejar de hacerlo:

"Me estoy apegando a _____ y esto me impide _____."

Para dejar ir este apego elige una acción que haga que te muevas en la dirección correcta. Hazte la siguiente pregunta: ¿Cómo puedo mostrar a la vida y a mí misma que estoy lista para lograr lo que quiero? La acción concreta es una tarea que te ayuda a desapegarte, algo posible de hacer y que deseas, aunque puede ser un reto. Recuerda que tú eres quien decide qué acción hacer, te sugiero algo amoroso que te haga bien porque sabes que te ayudará a avanzar hacia la dirección que deseas. Por ejemplo, María se aferra a un exnovio que no le conviene. La frase de ella es: "Me apego a la atención que recibo de mi exnovio y esto me impide atraer a una buena pareja para mí." Entre las posibles acciones concretas están: desprenderse de todo lo que le recuerda la relación, dejar de tener contacto con él (dejar de verlo y chatear, puede incluso bloquearlo del teléfono), abrirse a conocer nuevas personas, hacer nuevas relaciones en las que reciba la atención que desea. Recibir por otro lado lo que le hace falta la ayudará a desapegarse de la relación tóxica.

¡Excelente trabajo! Has dejado ir tu apego, liberándote.

2. Dale la bienvenida al cambio

En este ejercicio transformarás tu actitud de resistencia hacia los cambios que necesitas aceptar.

Te doy una lista de preguntas para que puedas identificarlos. Puede ser que al contestarlas te des cuenta de que hay más de un aspecto, así que te sugiero que reconozcas todo aquello que estás rechazando para que puedas transformar tu actitud. Lo ideal es escribir a mano en una hoja tus respuestas, ya que esto crea una toma de conciencia mayor de la que obtienes cuando lo haces mentalmente o escribiendo en la computadora. Contesta honestamente lo siguiente:

a. ¿Con qué relación deseas realizar este ejercicio?
b. ¿Rechazas algún cambio que ha sucedido en tu relación? ¿Cuál? Si son varios, identifícalos. Éstas pueden ser

situaciones de vida, en tu relación, en la otra persona o en ti misma. Observa todo lo que no te gusta, aquello que te genera conflicto tiene que estar en tu lista para que lo transformes.

c. ¿Hay algún cambio que deseas y no sucede? ¿Cuál? Haz la lista de los cambios que deseas y que no están ocurriendo.

d. ¿Cómo estás participando para que estos cambios que deseas no se den? Éste es un punto clave porque te permite reconocer cómo estás creando la situación que vives. Si lo identificas podrás llenarte de poder.

e. ¿Qué tendrías que ser o hacer diferente para que esta relación dejara de ser tóxica?

f. ¿Qué te impide ser o hacer lo que necesitas para obtener los cambios que deseas?

Lee en voz alta lo que has escrito en tu hoja. Subraya lo que consideras más importante. Vuelve a leerlo y reconoce todo aquello a lo que te has estado resistiendo, tomando conciencia de qué actitudes son las que te tienen enredada en la relación que sufres. Ahora elige una acción concreta, algo específico que realizarás para demostrar que estás dispuesta a cambiar. Éste es tu primer paso hacia tu transformación amorosa.

Ahora arma tu frase personal adaptando el siguiente formato:

"Reconozco cómo me he estado resistiendo a _____ y ahora elijo darle la bienvenida al cambio al (acción concreta)."

Por ejemplo, una persona que está trabajando la relación tóxica consigo misma establece lo siguiente: "Reconozco que me he estado resistiendo a tener límites manejando mi vida dándome todos los gustos que he querido. Ahora elijo darle la bienvenida al cambio yendo al nutriólogo y siguiendo un plan de alimentación saludable".

Otro ejemplo: una persona que está trabajando la relación tóxica con su madre elige lo siguiente: "Reconozco que me he estado resistiendo a independizarme por el miedo de tener que mantenerme sola y tener menos dinero para divertirme. Ahora elijo darle la bienvenida al cambio al salirme de casa de mis padres y vivir como una adulta independiente, pagándome todas mis cosas, aunque me limite en algunas".

¡Fantástico! Ya estás lista para darle la bienvenida al cambio.

3. Reconoce tu codependencia y salte del rol que juegas

En este ejercicio trabajas una relación en la que estás siendo codependiente, reconoces cómo te has metido en el rol de la víctima, del salvador y del perseguidor e identificas las alternativas que tienes para dejar de hacerlo, saliéndote del triángulo.

Te doy una lista de preguntas y pasos que guiarán tu proceso. Te sugiero anotar tus respuestas a mano en una hoja porque obtendrás más resultados que si lo haces mentalmente o escribiendo en la computadora. Contesta honestamente lo siguiente, tratando de ir profundo en cada inciso al observar lo que haces:

a. ¿Con quién tienes una relación tóxica y deseas realizar este ejercicio?

b. ¿Qué problema o asunto cargas por ella/él?

Anota la frase: "Cargo (el asunto o problema que le corresponde atender a esa persona) de (la relación que estás trabajando)."

Ejemplos:

◊ "Cargo el rendimiento escolar de mi hija."

◊ "Cargo la salud de mi esposo."

◊ "Cargo los problemas conyugales de mi hermano."

c. ¿Cómo intentas salvar a esa persona?

Anota la frase, adaptando la redacción: "(lo que haces) para salvar a (la relación que estás trabajando)."

Ejemplos:

◊ "Me siento responsable de las calificaciones que saca mi hija, hago sus tareas, sus trabajos y estudio para sus exámenes con ella, como si fueran mi obligación."

◊ "Me preocupo por la salud de mi esposo y enfoco mi energía en atender sus necesidades, olvidándome de las mías."

◊ "Siento la angustia de mi hermano y vivo sus problemas como si fueran míos."

d. ¿Qué te sucede cuando tu ayuda no resulta efectiva con esa persona?

Anota las frases que reflejan lo que sucede.

Ejemplos:

◊ "Me siento furiosa y castigo con dureza a mi hija porque no se esfuerza y saca malas notas. Me la paso horas tratando de mejorar sus notas y el resultado es el mismo."

◊ "Me siento resentida porque por atender a mi esposo yo no me cuido y de todos modos él cada vez está peor."

◊ "Me siento frustrada por la situación de mi hermano, me desespera no poderlo ayudar."

e. ¿Cómo te pones en el rol de la víctima?

Identifica lo que hace que entregues tu poder con la esperanza de que suceda lo que deseas. Te ayudará analizar lo que has respondido en los incisos anteriores. Anota las frases que describen lo que haces o piensas que te desempodera.

Ejemplos:

◊ "Creo que mi hija es un reflejo de lo que soy y que sus fallas demuestran que soy mala madre. No tolero que ella sea mala estudiante y hago todo por evitarlo. Me pego con mi hija y dejo de ver que somos distintas."

◊ "Me comprometo en exceso con mi esposo y me sacrifico por él. Creo que así es el amor en el matrimonio y que a la esposa le toca cuidar a su marido como si fuera un hijo pequeño y malcriado."

◊ "Me es más fácil defender a mi hermano que a mí, veo más por mi hermano que por mí, con lo mucho que él sufre, creo que lo mío no es tan importante y que yo no merezco ser feliz."

f. ¿Qué podrías hacer y pensar para salirte de los roles del triángulo y recuperar tu poder?

Con todo lo que has reconocido, identifica las nuevas actitudes y acciones que podrías adquirir para sanar esta relación, dejando de ser codependiente. Anota las frases que describen tus alternativas de solución.

Ejemplos:

◊ "Reconozco que mi hija tiene que realizar sus actividades escolares sola. Me despego de mi hija y reconozco que somos diferentes personas. Mis éxitos y fracasos son sólo míos y permito que mi hija tenga los suyos. Puedo ser buena madre, independientemente del rendimiento escolar de mi hija. Acepto y amo a mi hija tal como es."

◊ "Me conecto con mis necesidades y deseos respetándome y me comprometo con mi esposo hasta donde es bueno para mí, sin descuidarme. Reconozco que mi esposo es un adulto y lo dejo cargar las consecuencias de sus actos. Ocupo sólo el lugar de esposa y dejo de ser su madre."

◊ "Me doy permiso de ser feliz, aunque mi hermano sufra. Reconozco que mi hermano es un hombre adulto y respeto lo que le toca vivir."

¡Te felicito! Has dejado de brincar dentro del triángulo de la codependencia.

4. Demuestra tu lealtad familiar con amor sabio

Elige una relación tóxica que deseas trabajar y haz los siguientes incisos en orden:

a. Identifica la regla familiar que estás cumpliendo por amor a tu familia que hace que sufras esta relación tóxica.

Puede ser que estés cumpliendo con varias reglas al mantenerte en esa relación y son muchas las lealtades involucradas. Lo mejor es que escojas sólo una, aquella que es la que más te afecta en este momento.

Imagina que la relación es una película, ¿cuál sería el título que describe la historia que tú vives? Escoge una frase que describa la dinámica de la relación desde tu lugar, lo que tú sufres, te duele y te pesa. Ésta es una frase que refleja una orden familiar, una regla que cumples por amor a tu familia.

Te doy los siguientes ejemplos de reglas familiares:

◊ Doy sin recibir.

◊ Soy siempre fuerte.

◊ Me mantengo en una situación de carencia.

◊ Complazco a los demás y me sacrifico por ellos.

◊ Desconfío y me pongo a la defensiva.

◊ Me aíslo y me quedo sola.

◊ Soy agresiva, es mejor ser la que ataca que ser a la que atacan.

◊ Elijo mal, hago lo que me daña.

◊ Soy alegre y sonrío siempre, aunque esté triste.

◊ Tengo la culpa, me siento mala y me castigo, renunciando al placer.

b. Identifica a quién le eres leal.

¿Quién de tu familia te "ordenó" esto? ¿A quién le gusta que seas así?

c. Transforma el amor ciego a sabio.

Imagina al miembro de tu familia al que le eres leal (el que identificaste en el inciso b) y dile en voz alta lo siguiente:

"Por amor a ti (la regla que escogiste en el inciso a). Ahora te pido tu permiso para liberarme de esto."

Ejemplo, una lealtad con las mujeres de la familia para tener parejas infieles, especialmente con la madre y las abuelas, se haría imaginándolas y diciéndoles lo siguiente: "Por amor a ustedes acepto que me digan mentiras y me quedo con una pareja infiel. Les pido su permiso para liberarme de esto".

d. Imagina al miembro de tu familia al que le eres leal (el que identificaste en el inciso *b*) sonriendo y dándote permiso para liberarte de lo que has hecho hasta ahora. Te dice:

"Te doy mi permiso para que te liberes de (la regla que escogiste en el inciso *a*). Ahora (lo que tú quieres en lugar de eso). Me pongo feliz y te bendigo cada vez que (haces lo que te gusta y es bueno para ti)."

Ejemplo de una lealtad para estar sola y sin ayuda: "Te doy mi permiso para que te liberes del patrón de aislarte. Ahora puedes rodearte de personas que te nutran y sostengan. Me pongo feliz y te bendigo cada vez que les das la bienvenida a tu vida a las personas que te benefician".

¡Estupendo! Has creado una lealtad positiva con amor sabio. Estás lista para pasar a lo siguiente.

4

Tipos de relaciones tóxicas

Las relaciones sanas dan felicidad, nutren e impulsan a la vida. En tus relaciones a veces te toca dar y sostener, a veces recibir y agradecer. Una dinámica se vuelve tóxica cuando, en lugar de sostener, succionas y, en lugar de recibir, rechazas lo nutriente o te drenas. Como adulto que eres, esto depende cien por ciento de ti, y aunque las otras personas no hagan lo que les toca, tú podrás controlar tu parte. En este capítulo vas a aprender cómo debe circular la energía de vida en tu familia con papá, mamá, hermanos e hijos; con tu pareja; en tu trabajo; con tus amigos y contigo misma, reconociendo lo que funciona o no en tus dinámicas.

En las relaciones sanas la energía de vida fluye con abundancia y libertad, nutriendo a las personas e impulsándolas para hacer sus sueños realidad. La energía circula siguiendo un orden que depende de la jerarquía que cada persona ocupa en una relación. Hay tres opciones posibles: que ambos estén en un mismo nivel, que tú estés en un nivel superior o que tú estés en un nivel inferior. El de mayor jerarquía es el que tiene la autoridad, da y sostiene para que el otro vaya a su vida; el de jerarquía inferior es el que recibe, agradece y utiliza el apoyo recibido para lograr lo que desea. Al estar en la misma jerarquía dan y toman en equilibrio, impulsándose mutuamente. Si sucede de otra manera, la relación es tóxica.

Tu jerarquía es independiente de tu valor y capacidad. La jerarquía que ocupas tiene que ver con el rol que desempeñas en una relación determinada. Tu jerarquía cambia continuamente dependiendo de la persona con la que te encuentras. Es importante que aprendas a fluir en cada dinámica: recibir lo que deseas sintiéndote valiosa y en tu poder cuando estás en la jerarquía inferior; tratando a los demás como seres con igual valor que tú, respetando sus necesidades y decisiones cuando estás en la jerarquía superior; sosteniendo y recibiendo en equilibrio, sin ponerte por encima ni por debajo del otro, cuando estás en la misma jerarquía.

Estás en una jerarquía inferior en relación con tus padres y jefes. Estás en la misma jerarquía que tu pareja, tus hermanos, tus amigos y tus colegas. Estás en una jerarquía superior en relación con tus hijos y tus subordinados. Cuando estás en una jerarquía inferior eres "la pequeña" y al estar en la jerarquía superior eres "la grande".

Aceptar la jerarquía que tienes en cada relación y lo que te pueden dar te lleva a crear dinámicas sanas. Tú tienes el poder de estar bien y disfrutar tus relaciones cuando reconoces lo que no funciona, resolviendo la parte que te corresponde. ¡Es muy fácil aprenderlo así!

LA RELACIÓN CON TUS PADRES

Tu calidad de vida depende de la relación que llevas con tus padres porque define cómo te percibes a ti misma, la energía vital con la que has crecido y a la que estás acostumbrada, el apoyo que sientes y la libertad con la que diriges tus acciones. Mientras más agradeces la vida que has recibido a través de tus padres, mayor es tu capacidad para gozarla. ¡Si transformas tu relación con ellos podrás mejorar todas las áreas de tu vida!

Tu presente se ve afectado por lo que recibiste de tus padres en la infancia, lo que sucede en tu interior cuando piensas en ellos y si crees que te bendicen con la vida que llevas. Obviamente esto se refleja en la convivencia, la comunicación y la cercanía emocional que existe entre ustedes ahora. Aunque tus padres hayan sido muy tóxicos o lo sigan siendo, tú puedes recuperarte y tener una buena relación con ellos. Esto no significa que tienes que verlos o tolerar sus agresiones. Lo que quiere decir es que dejará de ser una relación tóxica para ti, a pesar de que ellos sigan siendo los mismos.

La relación con tus padres es tóxica cuando:

- Te falta energía para ir hacia tu vida.
- Sostienes a tus padres con tu energía de vida.
- No haces lo que quieres por satisfacer las necesidades, demandas o expectativas de tus padres.

Te falta energía para ir hacia tu vida

Aunque seas adulta, en una relación sana tus padres son "los grandes" y tú eres la pequeña, ellos dan y tú recibes la energía de vida. Hay padres que no tienen mucha energía vital para dar y sus hijos se quedan esperando a que les den lo que necesitan sin volar hacia su vida. Si tus padres no te lo dieron en la infancia es poco probable que te lo den ahora que eres adulto. Cuando los padres no dan lo que el hijo necesita lo mejor que puede hacer ese hijo es recibirlo de otra manera.

Si te falta energía para ir hacia tu vida es porque no la recibiste de tus padres y lo más probable es que no te la dieron porque ellos tampoco la recibieron de sus propios padres. Tienes dos opciones: estar en una relación tóxica con ellos, esperando que te den la energía de vida que te hace falta o tomar lo que tus padres puedan darte y lo que te falta tomarlo de otra fuente, creando un vínculo sano con tus padres. En resumen, para lograr este vínculo sano con tus padres sólo tienes que:

- Aceptar que no vas a recibir de tus padres lo que te hace falta.
- Buscar otras maneras de recibir lo que necesitas.

Recibir lo que necesitas puede parecerte un gran reto en este momento, sobre todo si tienes unos padres que no pudieron dártelo. En el siguiente capítulo vas a aprender a desenredarte de relaciones tóxicas. ¡Dejarás de sufrir en relaciones con personas que no te dan lo que necesitas!

Sostienes a tus padres con tu energía de vida

Cuando tú sostienes a tus padres con tu energía estás rompiendo el orden familiar porque usas en ellos los recursos que necesitas para ir hacia tu propia vida. La energía vital tiene que fluir como una cascada, de grandes a pequeños, impulsando a las siguientes generaciones para avanzar hacia sus sueños. Si una dinámica de relación bloquea este fluir, la relación es tóxica.

Aunque tus padres sean ancianos o estén enfermos y parezca que los roles se invierten, la energía vital tiene que fluir de los ancestros hacia los descendientes. Los puedes cuidar sin darles tu energía de vida, atendiendo sus necesidades físicas con amor y gratitud por la vida que tienes. Eso es lo saludable.

En una dinámica sana los padres planean y toman las medidas que se requieren para que al llegar a la vejez no sean una carga para sus hijos. A veces esto no es posible y los hijos necesitan tener la libertad para decidir cómo quieren cuidar a sus padres enfermos o ancianos. En situaciones como éstas los padres agradecen lo que los hijos pueden hacer por ellos, sin reprocharles ni exigirles más.

Los hijos agradecen la vida que tienen siendo respetuosos y amorosos con sus padres. Se respeta la jerarquía cuando consideras lo que puedes hacer para cuidar a tus padres sin sacrificar lo que es importante para ti. La clave es que cuando les das a tus padres lo haces por gratitud, sin sentir culpa, obligación o miedo.

No haces lo que quieres por satisfacer a tus padres

Hay padres que le exigen a sus hijos, como si les dijeran: "Yo te di la vida, ahora tú me lo debes". Hay hijos que no tienen la fortaleza para oponerse a la demanda de sus padres y les dan lo que ellos les exigen, aun a costa de perder sus sueños y dejar de dar lo que corresponde a sus propios hijos. Cuando un hijo no hace lo que desea por satisfacer la expectativa o demanda de sus padres la energía vital se bloquea. La solución es que el hijo se fortalezca y haga lo que desea, aun "fallándoles" a sus padres. Los hijos adultos no están para hacer lo que sus padres esperan y sólo serán felices si se escuchan a sí mismos.

Los padres nutrientes son aquellos que dan mucho a sus hijos en la infancia con límites adecuados para apoyarlos y enseñarles a caminar por sí mismos, sin sobreprotegerlos ni malcriarlos. Para dar mucho, los padres tienen que asumir su lugar de grandes, en una jerarquía superior a la de sus hijos. De esta manera la energía de vida fluye con fuerza, como si fuera una cascada y hubiera una buena inclinación.

Si los padres se ponen en la misma jerarquía que sus hijos, la energía de vida se atora, la inclinación no existe, la cascada desaparece y se convierte en un río donde el agua se atasca porque no hay corriente. Los padres que hacen esto dejan de sostener a sus hijos. Para algunos padres es agradable porque sienten una mayor cercanía e igualdad, pero ya no se cumple la función principal que tienen: impulsar a sus hijos a la vida.

Hay padres que me han dicho con orgullo que son los mejores amigos de sus hijos. ¡Piensan que es algo bueno! Puedes tener muchos amigos, sólo tienes a un padre y a una madre, aquellos que te dieron la vida. Tus padres no son tus iguales, están en una jerarquía superior, te sostienen e impulsan para que vayas a tu vida con éxito. Ésa es la imagen positiva que necesitas crear en tu mente para tener una relación saludable con ellos.

Si los padres se ponen en una jerarquía inferior a la de sus hijos lo que sucede es que les succionan la energía de vida y les hacen daño. Algunos lo hacen porque confunden la jerarquía con el valor, y como sus hijos son lo más valioso que tienen, ellos deciden ocupar el lugar de pequeños. Sin embargo, esto genera un peso en los hijos porque cargan las expectativas de sus padres y dejan de recibir la energía que necesitan para ir hacia su vida.

Cuando los padres no toman su lugar de grandes, succionan la energía de vida de sus hijos y la relación es tóxica. Si esto ocurrió desde el principio de la vida de los hijos estarán más afectados. Esperar que los padres cambien y ocupen su lugar es inútil. La buena noticia es que no dependes de tus padres para que ellos tomen su lugar, tan sólo tienes que ocupar el tuyo y reconocerte como la pequeña. Esto es sumamente importante. Si tus padres se comportan como tus iguales o los pequeños, tú puedes mantener una imagen mental y una actitud en la que eres la pequeña frente a ellos.

Hay ciertas características que son específicas de la relación con la madre y otras para la relación con el padre. Esto se establece así porque es lo que sucede generalmente. Cada caso es único y toma sólo lo que aplique en el tuyo, con la mente abierta. Ambos padres tienen la responsabilidad de educar a los hijos y darles lo que requieren. Hay ciertas enseñanzas que se asocian al padre y otras que se asocian a la madre, pensando en que la madre es la que normalmente atiende a los hijos en los primeros años de vida. Los hombres y las mujeres tenemos la capacidad y la responsabilidad de educar a nuestros hijos de manera completa, asumiendo las cualidades "maternales" y "paternales" cuando falta alguno de los padres. También podemos cambiar de roles y el padre enseñar las cualidades "maternales" y la madre enseñar las cualidades "paternales". El punto clave es que los hijos reciban estas enseñanzas por parte de sus padres o de cualquier otra persona.

LA RELACIÓN CON LA MADRE

El primer vínculo en tu vida es con tu madre y se establece a nivel prenatal, desde el momento en que fuiste concebida. Todo lo que ocurre mientras estás en su vientre te marca y queda grabado en tu subconsciente. Siendo apenas un feto percibes lo que ella vive, siente y piensa. Pasan los años y algunas personas siguen confundiéndose y viven como suyo lo que le pasa a su madre. Esto es especialmente terrible si la madre tiene un montón de juicios y etiquetas negativas hacia su hijo, ya que al no poder diferenciarse creerá que son características que realmente posee.

Puede ser que la madre no suelte al hijo o que el hijo no quiera soltarse de su madre. Si ves a tu alrededor, descubrirás muchos hijos y madres pegados, el problema no es la cercanía física, es que los hijos no están volando hacia su vida con libertad. Existen muchas dinámicas tóxicas entre las madres y los hijos, tantas que podría escribir un libro exclusivamente de este tema. ¡Aquí estás aprendiendo lo más esencial para dejar de pegarte con ella!

De tu madre aprendes cómo cuidarte bien, las "reglas del juego en la intimidad", cómo funcionan las relaciones y lo que puedes esperar en tus relaciones uno a uno. Si tu madre es amorosa y está presente para ti, te es fácil confiar y esperas recibir cosas buenas de los demás. Entonces puedes identificar las relaciones en las que esto no sucede así, aquellas que son tóxicas terminarlas con rapidez y sin culpa, involucrándote únicamente con quien te beneficia.

Una buena madre les enseña a sus hijos desde pequeños lo que requieren para cuidarse a sí mismos. De una madre se toman las cualidades que tienen que ver con la nutrición, el autocuidado, la comunicación y el bienestar físico y emocional. La madre te enseña a sentirte segura, recibir contacto positivo, ser amable contigo misma, la manera en la que te debes dar los cuidados básicos como bañarte, peinarte, lavarte los dientes y comer sanamente. También te enseña a reconocer tus estados de ánimo y tus emociones, comunicarte con claridad y alimentar tu autoestima.

De tu madre es de la primera persona que recibes, así que con ella aprendes cómo es este proceso. Si para recibir lo que necesitas tienes que sacrificarte, hacer cosas que no te gustan o aceptar maltratos, eso te parecerá "normal" y no reconocerás las señales de alarma que hay cuando las relaciones son tóxicas. Si de tu madre recibes lo que te nutre mezclado con lo que te daña, estarás tan acostumbrada que creerás que así funcionan las cosas y con tal de recibir lo que deseas te abrirás a los demás sin protegerte.

Evalúa tu relación con tu madre

Es importante aclarar que no estás evaluando a tu madre, estás evaluando la relación que tienes con tu madre. Esto incluye la cantidad de energía vital que has tomado de ella, la capacidad que tienes para establecer relaciones sanas y nutrientes, qué tanto has integrado las cualidades "maternales". Puede ser que tu relación con tu madre sea muy buena, aunque tengas una madre desastrosa o, lo contrario, que tu madre sea estupenda y tú seas incapaz de nutrirte de ella. Tampoco hace diferencia si tu madre está muerta, la conociste o convives con ella. Como ves, esto depende de ti y no de la madre que te tocó ni de las circunstancias que viviste. El primer paso es reconocer el problema, así que contesta de manera honesta para que puedas solucionarlo.

Sólo elige *sí* cuando la frase es verdadera. Si tu respuesta es "a veces", "un poco", "más o menos", contesta *no*. Si eres adoptada, o no tuviste una madre presente, piensa en tu madre biológica, aunque no la conozcas, al contestar las preguntas.

1. ¿Tu madre ocupa el lugar de la grande y tú el lugar de la pequeña?
   Sí ○   No ○
2. ¿Te sientes llena de vitalidad y energía para ir hacia tu vida?
   Sí ○   No ○

3. ¿Tienes acceso al cien por ciento de tu energía vital sin el deber de sostener a tu madre?

Sí ◯   No ◯

4. ¿Haces lo que tú quieres con libertad, aunque sea diferente de lo que desea tu madre?

Sí ◯   No ◯

5. ¿Te sientes conectada con tu madre?

Sí ◯   No ◯

6. ¿Estás contenta con la madre que tienes?

Sí ◯   No ◯

7. ¿Aceptas a la madre que tienes?

Sí ◯   No ◯

8. ¿Tu manera de recibir es saludable?

Sí ◯   No ◯

9. ¿Te alimentas adecuadamente?

Sí ◯   No ◯

10. ¿Te cuidas (vas al doctor, tienes hábitos de limpieza y orden, duermes lo que necesitas)?

Sí ◯   No ◯

11. ¿Eres amable contigo misma?

Sí ◯   No ◯

12. ¿Te comunicas de manera íntima con facilidad?

Sí ◯   No ◯

13. ¿Te das cuenta de lo que necesitas y te atiendes?

Sí ◯   No ◯

14. ¿Reconoces tus emociones y las expresas adecuadamente?

Sí ◯   No ◯

15. ¿Tienes una autoestima elevada?

Sí ◯   No ◯

Cuenta los *sí* que obtuviste:

13-15 = Excelente relación con tu madre

10-12 = ¡Mereces más!

 0-9 = Aprovecha tu potencial sanando la relación

LA RELACIÓN CON EL PADRE

Normalmente el segundo vínculo que se forma es con el padre, pero eso no significa que la conexión sea más débil que la de la madre. ¡Para muchas es el vínculo más fuerte! Y gracias a él reciben el apoyo e impulso para ir hacia su vida.

Cuando el padre está disponible y es amoroso es probable que la hija sienta mayor conexión con él que con su madre, por la atracción que existe entre sexos opuestos. Hay padres que disfrutan tanto esta cercanía que tienen problemas de pareja por los celos que surgen entre su hija y su mujer, especialmente cuando su hija es adolescente. Además, si su pareja es la madre de su hija, esto afecta a la hija porque no puede recibir lo que necesita de su madre al haber conflictos. Todo esto se resuelve al respetar las jerarquías del sistema familiar y al que le toca poner el orden es al padre.

El padre es el grande y la hija es la pequeña. La pareja del padre está en la misma jerarquía que el padre, por lo tanto, la hija es la pequeña en relación con ambos. Generalmente los conflictos surgen porque las dos mujeres se pelean por ser la número uno en la vida del padre y porque quieren estar en la jerarquía de la grande. El padre pone orden al cuidar que su pareja y sus hijos se traten con dignidad y ocupen su lugar. Cuando el padre le da el lugar ordenado a cada quien, el amor fluye en abundancia, la pareja actúa con madurez sin sentirse amenazada en su sitio y la hija es respetuosa.

Las cualidades "paternales" tienen que ver con poner orden, enseñar a los hijos a salir al mundo y ayudarles a crecer. Idealmente tu padre te enseña a defenderte, reconocer tus talentos, respetar límites, saber tomar decisiones, manejar el dinero, la autoridad y el poder. Normalmente el padre es el que enseña a sus hijos a manejar el auto, a realizar trámites y hacer pagos. Es el que modela los valores de vida para que los hijos tengan claro qué es lo adecuado y puedan discernir.

Todas estas cualidades son necesarias para que goces de relaciones nutrientes. Si una persona es incapaz de defenderse, reconocer su valor, poner límites y hacer que se respeten, tomar decisiones sabias, manejar su dinero y su vida con poder, terminará enredada en una relación tóxica. Las enseñanzas "paternales" te permiten ser independiente y salir al mundo con éxito.

Cuando el padre no está presente, disponible o es incapaz de enseñar las cualidades "paternales", los hijos pueden aprenderlas de alguien más. Lo mismo pasa con la madre y las cualidades "maternales". Esto es fabuloso porque no dependes de tus padres para sanarte, simplemente busca buenos modelos y toma las cualidades que te hacen falta.

De tus padres biológicos recibiste la vida, agradécela. Si no te dieron todas estas cualidades y estás en el resentimiento, te quedarás atorada. En cambio, cuando estás en la gratitud puedes soltar a tus padres y avanzar, creando nuevas relaciones en las que recibas las cualidades que no pudiste recibir de ellos.

Evalúa tu relación con tu padre

No estás evaluando a tu padre, estás evaluando la relación que tienes con él y cómo has integrado las enseñanzas "paternales". Esto es independiente del tipo de padre que tienes y de la historia que han vivido, tiene que ver con la manera en la que tú lo percibes y cómo te nutres de él. Si reconoces lo que es, podrás transformarlo y abrirte a recibir lo que necesitas por otro lado, así que contesta con honestidad.

Sólo elige *sí* cuando la frase es verdadera. Si tu respuesta es "a veces", "un poco", "más o menos", contesta *no*. Si eres adoptada, o no tuviste un padre presente, piensa en tu padre biológico al contestar las preguntas, aunque no lo conozcas.

1. ¿Tu padre ocupa el lugar del grande y tú el lugar de la pequeña?
   Sí ◯   No ◯
2. ¿Te sientes llena de vitalidad y energía para ir hacia tu vida?
   Sí ◯   No ◯
3. ¿Tienes acceso al cien por ciento de tu energía vital sin el deber de sostener a tu padre?
   Sí ◯   No ◯
4. ¿Haces lo que tú quieres con libertad, aunque sea diferente de lo que desea tu padre?
   Sí ◯   No ◯
5. ¿Te sientes conectada con tu padre?
   Sí ◯   No ◯
6. ¿Estás contenta con el padre que tienes?
   Sí ◯   No ◯
7. ¿Aceptas al padre que tienes?
   Sí ◯   No ◯

8. ¿Sientes que en tu vida hay orden y te es fácil poner orden?

    Sí ○   No ○

9. ¿Reconoces tus talentos?

    Sí ○   No ○

10. ¿Respetas tus límites y tu derecho a decir "no"?

    Sí ○   No ○

11. ¿Sientes que puedes contar con las personas?

    Sí ○   No ○

12. ¿Te sientes protegida?

    Sí ○   No ○

13. ¿Te sabes defender?

    Sí ○   No ○

14. ¿Sabes moverte en el mundo exterior?

    Sí ○   No ○

15. ¿Sabes manejar el dinero y las finanzas?

    Sí ○   No ○

16. ¿Tienes claro cuáles son tus valores, qué es adecuado para ti y qué no?

    Sí ○   No ○

Cuenta los *sí* que obtuviste:

13-16 = Excelente relación con tu padre

10-12 = ¡Mereces más!

0-9 = Aprovecha tu potencial sanando la relación

LA RELACIÓN CON TUS HIJOS

Los hijos son un regalo y un reto porque sacan a la luz lo mejor y lo peor de sus padres. Con tus hijos tienes la oportunidad de superarte convirtiéndote en la mejor versión de ti misma. En la relación con tus hijos te corresponde dar la energía de vida que ellos necesitan para crecer sanos y sostenerlos con amor para que vayan a su vida con libertad y poder, logrando hacer realidad sus sueños. Reconocer los errores que has cometido sin abrumarte con la culpa ni llenarte de ansiedad te ayudará a enfocarte en lo que puedes hacer de ahora en adelante. Sólo ponte el saco que te quede, ¿estamos?

Resumiendo, la relación con tus hijos es tóxica cuando:

- No les das la energía de vida que necesitan.
- Lo que les das no los impulsa a la vida.
- En lugar de darles energía de vida se las quitas.

No les das a tus hijos la energía de vida que necesitan

Hay padres que dan mucha energía de vida y otros que dan muy poca. Para poder darles a tus hijos la energía que necesitan tienes que haberla recibido de tus propios padres y de todas las personas que te rodean. No podrás darles cosas buenas a tus hijos si no las tienes, así que llénate de lo que te hace bien. Reconoce tu nivel de vitalidad y transforma lo que necesitas para tener mucho que darles a tus hijos. Sanar la relación con tu linaje te ayuda.

Lo que les das no los impulsa a la vida

Si das mucho, pero esto no impulsa a tus hijos a la vida, tienes que entender por qué sucede y cambiar lo que esté en tus manos. Hay dos posibilidades: lo que das es distinto de lo que ellos necesitan o no aprovechan lo que les das. Cada persona tiene su libre albedrío y no puedes obligar a otra persona a aprovechar lo que tú le das. Sin embargo, cuando tus hijos son pequeños la manera en la que tú les das crea un patrón y esto los marca profundamente para el resto de su vida. Si tú les das mucho de lo que ellos necesitan y desean, siempre y cuando ellos lo usen en su mayor beneficio, para ir hacia su vida, el patrón que se establece en tus hijos es: "Cuando hago lo que me beneficia, mis padres me dan lo que necesito". Si tú les dejas de dar cuando ellos lo usan sin respeto, sin cuidarlo o para hacer daño, el patrón que se establece en tus hijos es: "Cuando hago lo que daña, mis padres me dejan de dar". Criar a los hijos de esta manera da como resultado adultos que aprovechan lo que reciben para crecer y superarse, en otras palabras, para ir hacia su vida. En cambio, cuando lo que les das en la infancia es distinto de lo que necesitan, el patrón que se crea en ellos es: "No recibo lo que necesito", y cuando les das sin una claridad de cómo lo tienen que usar, el patrón que se crea es: "Hago lo que me daña". Si tú sigues dando a pesar de que tus hijos lo desaprovechan, estás creando una relación tóxica con ellos.

Lo que puedes hacer para tener relaciones sanas con tus hijos es distinto si son pequeños o adultos. Si al leer esto te das cuenta de lo que has hecho mal, te sugiero aceptarlo y perdonarte. Si reconoces que no lo hiciste cuando eran pequeños, y ahora tus hijos son adultos, ya les tocará a ellos sanarse, y a ti, perdonarte tus errores y hacerlo mejor. Enfócate en el presente y en cambiar lo que puedes aquí y ahora. En el siguiente capítulo te daré un proceso para transformarte con amor y aplicar esto concretamente. Ahora pon atención en la dinámica específica que se da con los hijos para que al pasar a lo siguiente estés llena de sabiduría.

Tus hijos, aunque sean adultos, son muy susceptibles a lo que perciben en ti. Los hijos desean que sus padres se sientan orgullosos de ellos, de cómo llevan su vida, los logros que tienen, la pareja que eligen, su manera de ser. Además de la cantidad de energía que tienes y les das, debes permitir que tus hijos la usen como les beneficia a ellos, para ir hacia su vida libremente, bendiciendo cada paso que dan que los impulsa hacia sus sueños, aunque sean distintos de lo que tú hubieras querido o esperado para ellos.

Hay padres que aplastan a sus hijos con el peso de las expectativas y la exigencia. Nada es suficiente para ellos y sus hijos viven esforzándose por complacerlos. Si los años pasan sin que los hijos reciban el reconocimiento que necesitan de sus padres para generar una autoestima sana, desarrollarán una actitud autodestructiva. La falta de aprobación constante de los padres genera estrés en los hijos y vivir de esta manera los vuelve nerviosos, ansiosos y llenos de creencias negativas acerca de quiénes son, su capacidad, lo que les depara la vida y lo que pueden esperar en su relación con los demás. Estos hijos pueden sufrir enfermedades, desórdenes alimenticios, adicciones, trabajar en exceso, morderse las uñas, padecer insomnio, etcétera. No encuentran la manera de ser quienes son y conectarse con su verdadera esencia sin sentir que les fallan a sus padres.

Otros padres se van al extremo opuesto y aunque sus hijos son pequeños los dejan ser, sin educarlos ni guiarlos, dándoles sin ninguna expectativa o exigencia. Los hijos pequeños necesitan claridad, educación y reglas firmes para sentirse amados, cuidados, protegidos y seguros. Si los dejas crecer "silvestremente" no estás cumpliendo tu función. Dejar a tus hijos ser, sin exigencias, es sano cuando son adultos y están cien por ciento formados, hacerlo antes es irresponsable.

Cuando tus hijos son pequeñitos creen todo lo que les dices, pero luego crecen y tienen contacto con otras personas. Ellos generan su propia percepción del mundo y de sí mismos, creando una autoestima saludable cuando se dan cuenta de que pueden hacer las cosas bien. No basta decirles mensajes positivos, ellos también tienen que estar de acuerdo con que así es y lo comprueban en el mundo exterior en sus dinámicas con otras personas. Por eso, además de comunicarles verbalmente sus cualidades, tienes que apoyarlos para que puedan desarrollar las habilidades necesarias para ser capaces en lo que desean llevar a cabo. Esto es lo que los hará sentirse valiosos. Apoya a tus hijos para que ellos descubran sus talentos y cualidades únicas, haciéndolas crecer.

Tener expectativas y exigencias adecuadas hacia tus hijos, que vayan de acuerdo con su edad y capacidad, es lo que más los beneficia. Mantener un balance entre exigir y relajar mientras tus hijos crecen es el reto que tienes. Déjalos ser como son para que brillen con su luz y exígeles para que se superen mientras están a tu cargo.

Cuando tus hijos son adultos impúlsalos para que vuelen hacia su vida, confiando en su capacidad y respetando sus elecciones sin juicios ni críticas. Da consejos y sugerencias si ellos te las piden. Si algo que pasa en la vida de tus hijos adultos te preocupa o inquieta, comunícaselos con amor y sin esperar que hagan lo que quieres. El respeto no es guardar silencio, es saber decir lo importante, entendiendo que ellos llevan las riendas de su vida sin querer quitárselas; perciben las cosas de manera diferente a ti y debes aceptarlo. Confiar en que tus hijos pueden llevar su vida con éxito es la clave para que los sueltes e impulses.

En lugar de darles energía de vida se las quitas

Algunos padres, cuando perciben a sus hijos con más cualidades que ellos, los ponen por encima, en una jerarquía superior. Tener hijos inteligentes, atractivos y capaces es ¡maravilloso!, sólo recuerda que los padres siempre son "los grandes" en la relación, los que sostienen y dan, aunque sus hijos los rebasen en varias áreas. Recuerda que la jerarquía en la familia no tiene que ver con la capacidad de la persona.

Si los padres se ponen en una jerarquía inferior a la de sus hijos, lo que sucederá es que los hijos serán los grandes, tendrán autoridad sobre sus padres, no respetarán los límites y serán malcriados. Además de que carecerán de la energía de vida que los impulsa a lograr sus metas. Esto les hace mucho daño a los hijos.

Lo peor que puedes hacer por tus hijos es ponerlos por encima de ti, dándoles más poder del que les corresponde. Desgraciadamente, muchos padres lo hacen pensando que así les demuestran a sus hijos lo importantes que son para ellos. Entonces los padres "bailan" las canciones que los hijos cantan y los hijos deciden lo que sucede en la familia. Los padres dependen de la voluntad de sus hijos y todo lo que sucede depende de "los pequeños". Hay hijos adultos que les quitan a sus padres ancianos lo que construyeron, tomando todo el dinero que poseen y asumiendo las decisiones sin respetarlos.

Hay padres que se sienten orgullosos del carácter fuerte de sus hijos, y creen que es una cualidad. Sin embargo, hay una gran diferencia entre un hijo que sabe luchar por lo que quiere y un hijo que lo consigue con berrinches, caprichos, mentiras o manipulación.

Para que los hijos crezcan y se conviertan en adultos responsables y maduros necesitan ser educados con límites claros y firmes.

Los padres tienen que aceptar que sus hijos sientan frustración. En ocasiones, crecer duele. Hay padres que no toleran que sus hijos sufran y les "ahorran" las experiencias dolorosas que son necesarias para aprender algunas lecciones de vida. Al resolver las cosas por sus hijos no permiten que se integren aprendizajes importantes.

Por otro lado, a veces los hijos no tienen la fortaleza para hacerlo por sí mismos, los padres perciben esto y por eso les ayudan. Saber cuándo estás sobreprotegiendo a tus hijos y no estás poniendo un buen límite puede ser complicado. Te doy algunos ejemplos de padres que no son capaces de poner límites y dejar que sus hijos aprendan. En estos casos el hijo tiene la edad suficiente para llevar a cabo esas tareas por sí mismo. Por favor, no tomes estos casos como reglas, ya que depende de la capacidad de cada persona. En estos ejemplos estoy suponiendo que el hijo puede resolverlo por sí mismo y aprendería si los padres lo permitieran.

Casos de conductas tóxicas en los padres si el hijo tiene la capacidad de resolverlo al esforzarse:

- Si el hijo olvida su lunch en casa, se lo llevan. ¡Ni modo que se quede con hambre!
- Si el hijo no se despierta para ir a la escuela, lo despiertan y lo apuran, para que esté a tiempo. Esto sucede casi todos los días.
- Si el hijo no recoge la ropa ni hace la cama, le ordenan su cuarto, le lavan la ropa y la cuelgan.
- Si el hijo pierde el celular, le compran otro. Este año ya ha perdido tres celulares y cada vez le compran un mejor modelo.
- Si el hijo usa el auto y lo deja sin gasolina y sucio, los padres le ponen gasolina y lo llevan a lavar. También lo

llevan al servicio para asegurarse de que está en perfecto estado, ¡no vaya a dejar a su hijo tirado por ahí a medio camino!

- Si el hijo reprueba un examen porque no estudió suficiente, los padres le consiguen clases particulares para que estudie acompañado por un maestro.
- Si el hijo pone un negocio y fracasa, los padres le dan el dinero que necesita para poner otro.
- Si el hijo vive con su pareja, al separarse vuelve a casa de los padres. El hijo pasa de casa de los padres a casa de la pareja y luego otra vez a la de los padres sin vivir como adulto independiente.
- Si un hijo no genera el dinero suficiente para darse la vida que quiere, los padres le dan lo que le falta. ¿Cómo podrá independizarse y superarse?

Aclaro que la toxicidad depende de muchos factores que en los ejemplos no se mencionan. Por favor, sólo toma lo que te sirva para sanar la relación con tus hijos. El objetivo de estos ejemplos es que identifiques en qué situaciones estás rompiendo el balance con tus hijos entre los límites y el apoyo que debes brindar para impulsarlos hacia su vida.

Los hijos no aprenden cuando sus padres no les permiten experimentar las consecuencias de sus actos. Concluyen que la vida es así, las cosas se resuelven solas, sin que ellos tengan que esforzarse para conseguir lo que necesitan. Lo peor es que no lo agradecen ni valoran porque para hacerlo tendrían que reconocer el trabajo que implica. Sólo las personas que han resuelto sus problemas lo saben. Un hijo al que se le da todo no reconoce lo que tiene porque le llegó sin que se lo ganara.

Esta manera de criar a los hijos genera una sociedad de adultos inmaduros, egoístas, que no se pueden sostener por sí mismos, se cuelgan de los demás y son una carga para la humanidad. Los padres tienen la responsabilidad de educar a sus hijos para que aporten algo positivo al mundo. Por eso ser padre es un regalo y un reto a la vez.

Ahora vas a evaluarte en la relación con tus hijos. Contesta *sí* cuando la frase es totalmente cierta y contesta *no* si lo haces "a veces", "un poco" o "más o menos".

1. ¿Aunque tus hijos son maravillosos, tú ocupas el lugar de grande frente a ellos?

   Sí ◯   No ◯

2. ¿Tienes mucha energía vital para darles a tus hijos?

   Sí ◯   No ◯

3. ¿Permites que tus hijos sean como son y respetas sus cualidades únicas?

   Sí ◯   No ◯

4. ¿Puedes aceptar que tus hijos no cumplan tus expectativas?

   Sí ◯   No ◯

5. ¿Eres feliz, aunque tus hijos sean diferentes de lo que tú esperabas?

   Sí ◯   No ◯

6. ¿Pones límites con facilidad a tus hijos?

   Sí ◯   No ◯

7. Aun cuando te has enojado mucho, ¿puedes mantener tu centro y establecer las consecuencias justas a las acciones de tus hijos?

   Sí ◯   No ◯

8. ¿Dejas que tus hijos asuman las consecuencias de sus actos?

   Sí ⭘   No ⭘

9. ¿Crees que hay un buen balance en tu exigencia hacia tus hijos para ayudarlos a ser mejores sin abrumarlos?

   Sí ⭘   No ⭘

10. Cuando tus hijos tienen problemas ¿les permites encontrar sus propias soluciones?

    Sí ⭘   No ⭘

11. ¿Toleras que tus hijos se frustren?

    Sí ⭘   No ⭘

12. ¿Permites que tus hijos sufran cuando es necesario para su aprendizaje?

    Sí ⭘   No ⭘

13. ¿Te has dado la oportunidad de conocer a tus hijos y escucharlos?

    Sí ⭘   No ⭘

14. ¿Confías en que tus hijos pueden salir adelante por sí mismos (en las tareas que van de acuerdo con su edad)?

    Sí ⭘   No ⭘

15. ¿Si tus hijos hacen las cosas distintas a lo que tú deseas, los bendices?

    Sí ⭘   No ⭘

Cuenta los *sí* que obtuviste:

13-15 = Excelente relación con tus hijos

10-12 = ¡Felicítate y observa lo que puedes mejorar!

 0-9 = Mereces sanar

LA RELACIÓN CON TUS HERMANOS

La relación con tus hermanos se considera una relación entre personas que están en la misma jerarquía, sobre todo cuando existe poca diferencia de edad entre ustedes o ya son adultos. Esto significa que los hermanos se impulsan y apoyan para ir hacia la vida como iguales, sin que unos tengan la obligación de dar o sostener a los demás. Cuando hay mucha diferencia de edad es común que los hermanos mayores cuiden a los menores en la infancia y la dinámica se parece a la que tienen los padres con sus hijos.

En resumen, la relación con tus hermanos es tóxica cuando:

- No los apoyas como iguales para que vayan hacia su vida y cumplan sus sueños.
- Los apoyas sacrificándote por ellos, renunciando a tus sueños y sintiéndote resentida.
- No recibes su apoyo y te sientes sola, sin su sostén.
- Los conflictos con ellos te impiden avanzar y reconocer lo bueno que tienes.

A veces las circunstancias llevan a algunos hermanos a asumir tareas y responsabilidades para que los demás puedan ir hacia la vida. Algunos hermanos toman la obligación de sostener y dar a los otros por el amor que le tienen a la familia. Hacer esto puede resultar sano o tóxico, dependiendo de la manera en que sucede.

Si por sostener a sus hermanos no van hacia su vida y renuncian a ser felices, la relación es tóxica. Si lo hacen por un tiempo y los que reciben el apoyo los sostienen después, la relación es sana porque se equilibró. Si fue su decisión sacrificarse por los demás y se llenan de gozo al ver los logros que sus hermanos disfrutan gracias al apoyo que de ellos obtuvieron, la relación es sana.

Cuando algún hermano se sacrifica por los demás, lo que balancea la situación es que los hermanos que se beneficiaron de esto lo reconozcan, compensándolo cuando les sea posible. Si los hermanos que fueron sostenidos y se beneficiaron con el sacrificio de los demás no reconocen, agradecen ni compensan, esto puede ser muy doloroso y causar resentimiento. Sin embargo, hay una solución para que el que sostuvo a los demás se libere: que elija sentirse muy bien consigo mismo por lo que hizo y se los dé como un regalo, sin esperar algo a cambio, agradeciendo la oportunidad que tuvo por hacer algo bueno por sus hermanos.

Sanar la relación con tus hermanos te beneficia porque puedes avanzar hacia tu vida sin resentimientos. También te permite reconocer los límites que quieres poner ahora y conectar con tus propios sueños. Si en el pasado sostuviste a tus hermanos, posiblemente lo sigues haciendo ahora o estás esperando que "te paguen" el favor. Ninguna de esas opciones te beneficia. Tal vez allá y entonces los sostuviste, pero eso no te compromete a hacerlo toda tu vida. Tampoco los obliga a ellos a pagarte como tú crees que deberían de hacerlo.

Si fue al revés y a ti te sostuvieron, checa si has compensado lo que recibiste. Toma conciencia y agradece a tus hermanos que hicieron cosas lindas por ti. Si dejaron de hacer lo que ellos querían por tu beneficio, el reconocimiento tiene que ser aún mayor. Posiblemente ahora ya estás en una situación en que puedes darles algo positivo como muestra de agradecimiento. ¡Hazlo y sana la relación con tus hermanos!

Algo común entre hermanos es que unos sostienen mientras que otros se cuelgan. Esto se hace evidente cuando viven juntos, en las tareas del hogar, en lo que aportan económicamente, en lo que dan a los padres cuando éstos son ancianos y necesitan cuidados. Así sucede porque, aunque son hermanos, son distintos. Comparten a sus padres —sólo a uno en el caso de los medios hermanos—, pero no reciben lo mismo de ellos, además de que tienen diferente nivel de conciencia y capacidad. Muchos problemas surgen por eso, ya que tienen la misma jerarquía y no las mismas bendiciones. Esto genera conflictos entre los hermanos que buscan equilibrar algo que es imposible.

El deseo de equilibrar lo que viven, son y tienen, hace que los hermanos sufran por:

- Celos y envidias.
- Competir para lograr más o estar al mismo nivel.
- Culpa, ya que son, tienen o logran más que sus hermanos.
- Sus diferencias, que a veces los hacen incompatibles.
- Críticas y juicios.
- Agresiones, abusos y faltas de respeto.
- Excluirse (no participan en el grupo, se aíslan).
- Sentir que no pertenecen.
- Ser excluidos (no los invitan, los hacen a un lado).
- No ser reconocidos tal como son.
- No sentirse amados o aceptados.

Esta lista puede ser mucho más larga, pero te da una idea de lo que hace tan difícil la relación.

Cada hermano tiene características únicas y especiales, si se aceptan y respetan con sus diferencias, sin desear lo que tiene el otro, habrá paz. Esto es complicado porque muchos hermanos desde pequeños pelean por recibir el amor y la atención de los padres. Además hay hermanos que nacen con una estrella y otros viven suertes difíciles. Los que tienen una vida "fácil" pueden sentir culpa y los que padecen pueden llenarse de celos, resentimiento y envidia. Respeta y honra el destino que le toca vivir a cada uno de tus hermanos para poder disfrutar del tuyo. ¡De todos modos no lo puedes cambiar!

Con los hermanos experimentas tus primeras relaciones entre iguales, aprendes a defenderte y a generar intimidad. Con tus hermanos juegas, te peleas, compartes cosas buenas y malas. Son tus primeros compañeros de vida. La mayoría de las personas tienen experiencias fuertes con sus hermanos. Los hermanos se agreden porque en el proceso de crecer están aprendiendo a manejar emociones, como el enojo, y a poner límites. Es importante recordar el contexto en el que suceden las cosas y darles el peso que tienen. Muchas veces no es tanto lo que pasó, es como lo recuerdas y el drama que le pones.

Los niños se molestan unos a otros y a veces se dicen o hacen cosas terribles. Una persona puede quedarse traumada por lo que le decían o hacían sus hermanos de pequeña, o puede reconocer que ellos también eran unos niños, como lo era ella. En todo esto los padres tienen una participación clave. Hay padres que ponen orden y crean un equilibro sano entre los hermanos, reconocen las diferencias que hay entre sus hijos, sin descuidar, sobreproteger, poner por encima o por debajo a alguno. Cuando los hermanos saben que existe una autoridad que pone orden entre ellos se sienten seguros y a salvo. Muchas veces la dinámica sana se mantiene, aunque los padres no estén, porque los hermanos se cuidan unos a otros por respetar la voluntad de sus padres.

Si un hermano se siente más que los demás, se pondrá por encima de sus hermanos, dejando de ser un igual. Entonces abusa, da consejos y sermonea a los demás, haciendo que se sientan molestos e incómodos y eviten compartir espacios, separándose. Si tus hermanos no están muy disponibles para ti, checa si te estás poniendo por encima de ellos. El juicio y la crítica se percibe, aunque no hagas nada verbalmente. Si tú los rechazas internamente, criticas y juzgas lo que han hecho con su vida, te sientes superior a ellos de alguna manera, ellos te responderán con las mismas actitudes o alejándose de ti.

Hay hermanos que están muy enojados y resentidos por cosas que sucedieron en su primera infancia y nada de lo que sucede después los hace sentir mejor. Conozco hermanos mayores que no perdonan a sus hermanos menores por haberles quitado su lugar de hijos únicos. Si el hijo que nace después es más adorable que el hijo mayor, el golpe es todavía más duro. Estos hermanos viven enojados con sus hermanos pequeños porque al nacer les "quitaron" la atención que tenían.

Hay hermanos que no se adaptan a los demás y esperan que los otros hermanos giren alrededor de sus deseos y necesidades individuales, ¡como si fueran el centro del universo! Se enojan o resienten cuando esto no sucede así. Otros hermanos asumen un liderazgo que no les corresponde y sin escuchar a los demás reparten funciones y tareas para un evento que organizan como quieren, victimizándose cuando terminan haciéndose cargo de todo. ¡Si no dejas que tus hermanos participen como los iguales que son, eso es lo que ocurrirá! Desde afuera es muy fácil verlo, sin embargo, cuando se trata de tus hermanos no te das cuenta de cómo te enredas y creas situaciones tóxicas.

Lo bueno es que ya tienes la solución. Tus hermanos y tú son iguales en jerarquía y diferentes en lo demás. El que sean hermanos no significa que compartan valores, capacidades, intereses o nivel de conciencia. Asumir que por ser hermanos son como tú es lo que te hace daño. Respeta las diferencias y honra el destino de cada uno. Para gozar una relación sana con tus hermanos tienes que aceptarlos, amarlos, respetarlos y reconocerlos tal como son. Si te han apoyado y sostenido para impulsarte hacia tu vida, agradécelo y, si puedes, dales algo que los sostenga y apoye también. Si los has apoyado y sostenido sin recibir su gratitud ni compensación, elige habérselos dado como un regalo, para liberarte de la sensación de que tienen una deuda contigo. ¡Así puedes ir hacia tu vida con mucha energía!

Si algún hermano abusó de ti en el pasado, dependiendo del tamaño del abuso, concéntrate en sanar la herida que haya en ti, poniendo "la culpa" en quien cometió la agresión. Si luchas para que tu hermano asuma su responsabilidad y te pida perdón por lo que hizo tal vez pierdas tu tiempo. Puedes intentar platicar con él si existe apertura y voluntad, pero si no la hay, suéltalo y avanza.

Ahora vas a evaluar cómo es la relación con tus hermanos. No estás evaluándolos a ellos, estás identificando qué tan tóxica es la relación para ti. Si tienes una relación difícil con alguno de ellos haz la evaluación para ese hermano o hermana de manera individual.

Contesta sí cuando la frase es totalmente cierta y contesta no si lo haces "a veces", "un poco" o "más o menos".

1. ¿Percibes a tu(s) hermano(s) como tus iguales en jerarquía?

    Sí ○   No ○

2. ¿Apoyas a tu(s) hermano(s) para que hagan sus sueños realidad?

    Sí ○   No ○

3. ¿Estás dispuesta a sacrificarte por tu(s) hermano(s), siempre y cuando esto no implique renunciar a tus sueños?

    Sí ○   No ○

4. ¿Recibes el apoyo de tu(s) hermano(s)?

    Sí ◯   No ◯

5. ¿Te sientes sostenida por tu(s) hermano(s) para ir hacia tu vida?

    Sí ◯   No ◯

6. ¿Aunque haya conflictos entre tu(s) hermano(s) mantienes tu enfoque y avanzas hacia tus metas?

    Sí ◯   No ◯

7. ¿La competencia entre tu(s) hermano(s) te sirve para ser mejor?

    Sí ◯   No ◯

8. Cuando sientes envidia ¿la utilizas para darte cuenta de lo que deseas?

    Sí ◯   No ◯

9. ¿Aun cuando tu(s) hermano(s) son diferentes, encuentras formas de compartir momentos agradables con ellos?

    Sí ◯   No ◯

10. ¿Has aprendido a dejar de criticar y juzgar a tu(s) hermano(s)?

    Sí ◯   No ◯

11. ¿Respetas a tu(s) hermano(s)?

    Sí ◯   No ◯

12. ¿Les agradeces a tu(s) hermano(s) lo bueno que han hecho por ti?

    Sí ◯   No ◯

13. ¿Has compensado a tu(s) hermano(s) por lo que han hecho por ti?

    Sí ◯   No ◯

14. ¿Te incluyes en tu línea de hermanos?

    Sí ◯   No ◯

15. ¿Sientes que perteneces cuando estás con tus hermanos?

Sí ○   No ○

16. ¿Incluyes a todos tus hermanos en la línea de hermanos?

Sí ○   No ○

17. ¿Reconoces a tu(s) hermano(s) tal como es(son)?

Sí ○   No ○

18. ¿Aceptas a tu(s) hermano(s) tal como es(son)?

Sí ○   No ○

19. ¿Amas a tu(s) hermano(s) tal como es(son)?

Sí ○   No ○

20. ¿Honras lo que a cada uno de tus hermanos le ha tocado, incluyéndote?

Sí ○   No ○

Cuenta los *sí* que obtuviste:

16-20 = Estupenda relación con tus hermanos

9-15 = ¡Mereces una mejor relación!

0-8 = Sánate

LA RELACIÓN DE PAREJA

Para la mayoría de las personas la relación de pareja es la más íntima y cercana. Con la pareja hay un vínculo sexual, te desnudas frente a ella, literal y metafóricamente, por lo que es con la que estás más vulnerable. Tu pareja conoce detalles de ti misma que nadie conoce, ¡ni tú!

En una relación sana, tu pareja y tú están en la misma jerarquía, impulsándose hacia sus metas de manera equilibrada, a veces sosteniendo y otras veces recibiendo apoyo.

Tu relación de pareja es tóxica cuando:

- Sostienes a tu pareja a costa tuya, sacrificando tu bienestar, tus sueños, a tus hijos y lo que es importante para ti.
- Pierdes el impulso para ir hacia tu vida al estar en esa relación.

En una relación de pareja hay que aprender a ceder y convivir con las diferencias, esto implica cierto grado de sacrificio. Hay personas que se van a un extremo y le demuestran su amor a la pareja dejando ir lo que es importante para ellas. ¿Cómo puedes distinguir cuáles sacrificios son positivos y cuáles te enredan en una relación tóxica?

Los sacrificios son positivos cuando te ayudan a crecer, a alcanzar tus metas y al realizarlos te conviertes en una mejor persona. Para cambiar y obtener más tienes que "estirarte", hacer algo distinto a lo que has hecho hasta ahora, salir de tu zona de comodidad, y a veces esto implica soltar algo que te gusta.

Éstos son algunos ejemplos de sacrificios positivos:

- Una persona golosa que desea bajar de peso está dispuesta a dejar las golosinas.
- Una persona adicta al alcohol que desea recuperarse deja de ir al bar.
- Una persona que busca un ascenso en el trabajo se prepara en clases nocturnas sacrificando horas de descanso.
- Una persona que quiere mejorar su condición física se levanta más temprano para entrenar.
- Una persona que quiere estar en pareja y sacrifica otras actividades haciendo el espacio y el tiempo que requiere para poder compartirlo.

Estos sacrificios son positivos porque llevan a la persona hacia lo que desea conseguir.

En cambio, los sacrificios son negativos cuando van en contra de ti misma, de tu bienestar, te alejan de tus sueños y te impiden cumplir con responsabilidades importantes, como tus hijos menores de edad y tu trabajo. Los sacrificios negativos te llevan "en reversa", convirtiéndote en una persona más insegura e infeliz, te alejan de tus metas y te hacen dudar de ti misma. Éstos son ejemplos de sacrificios negativos:

- Una persona desea superarse, le ofrecen un ascenso, pero lo rechaza porque su pareja se sentirá insegura si ella gana más y tiene un mayor nivel laboral.
- Una persona renuncia a vestirse y arreglarse como desea para evitar conflictos con su pareja.
- Una persona basa sus decisiones en lo que cree que desea su pareja, es decir, primero se pregunta qué desea su pareja y luego decide.
- Una persona desea aprender otro idioma, pero como a su pareja le parece innecesario, lo deja.
- Una persona desea viajar y no lo hace porque su pareja prefiere quedarse en casa, tiene mucho trabajo o no puede pedir vacaciones.

Estos sacrificios son negativos porque alejan a la persona de lo que desea. Conectar con los anhelos y sueños es de vital importancia. ¡Si te alejas de tus sueños, te alejas de quien eres!

Estás en un gran problema si para amar a tu pareja tienes que dejar de hacer lo que te da felicidad. Hay muchas formas en que puedes demostrarle a tu pareja el lugar que tiene en tu corazón.

Si renuncias a ser quien eres, tu relación será tóxica y podrás cambiar muchas veces de pareja, pero generarás la misma dinámica. Cuando te sacrificas de manera negativa, te quedas resentida y luego se la "cobras" al otro, o al menos eso intentas. Tu pareja no tiene por qué pagar o compensar tus sacrificios, tú los haces "voluntariamente". Si reconoces que tú eres la que decides y diriges tu vida como deseas, transformarás tu relación de tóxica a saludable. Esto es lo que aprenderás a realizar en el siguiente capítulo.

Hay personas que ponen a su pareja en el centro de su vida y creen que sin ella no podrán ser felices. Entonces piensan que lo que les da felicidad es conservar a esa persona y por eso se esfuerzan en hacer todo lo que creen que ella quiere. Se convierten en sus esclavos y viven para satisfacer sus deseos. El sentido de su vida es estar con esa pareja y hacerla feliz es su misión. Sus intereses se pegan con los de su pareja, se hacen uno con ella y, al hacer esto, sin darse cuenta, se desconectan de su ser y de quienes son.

Todas las relaciones son temporales. No naces con tu pareja ni te mueres con ella. Puedes tener una extraordinaria relación de pareja, con un nivel de intimidad y una conexión maravillosa, llenándote de amor y motivación. Tu sentido de vida puede estar en lograr manifestar una relación así, sin apegarte a una persona específica. Si tu pareja también tiene ese sueño, lograrán entre ambos crear una historia de amor increíble.

Vivir con gozo tu relación de pareja, complaciendo al otro mientras te mantienes fiel a ti misma, es lo saludable. Si te conoces porque has mantenido la conexión con quien eres durante tu relación, cuando ésta termine o tu pareja muera podrás decidir cuál es el siguiente paso en tu camino. Tu vida sigue, las relaciones terminan.

Lo que requieres para crear una relación saludable es ocupar tu lugar en la dirección de tu vida, pensar en lo que tú deseas y te hace bien, sin delegar esa responsabilidad en tu pareja. Es un error creer que tienes que escoger entre tu felicidad y la de la otra persona para manifestar una relación de pareja. Tampoco se trata de rehusarte a darle al otro lo que le gusta para complacerte sólo a ti misma.

¿Qué pasa cuando tu pareja y tú no coinciden? Hay relaciones muy complicadas porque las personas son muy diferentes y quieren cosas opuestas. En estos casos te ves obligada a escoger entre lo que tú deseas y lo que quiere tu pareja. Si es algo sin importancia, pueden turnarse tratando de hacerlo equilibradamente. Cuando es algo esencial para ti, tendrás que poner la situación en una balanza, para saber qué es lo que realmente te beneficia.

Cuando te sacrificas por tu pareja dejando de hacer cosas que son esenciales para ti te desconectas de quien eres y le das tu poder al otro. Tu vida va a la deriva porque ya no llevas tú las riendas. Como tu centro está pegado con tu pareja, si tu pareja cae en crisis tú también caerás. Ninguno de los dos da un apoyo real ni recibe impulso para ir hacia la vida y estarán cada vez peor.

Reconocer cómo te enredas en dinámicas tóxicas es la clave para dejar de hacerlo. Empiezas al sacrificarte negativamente y terminas perdiendo impulso para ir hacia la vida, es decir, hacia aquello que te beneficia. Analiza el proceso que sigues cuando tu relación de pareja es tóxica:

- Dejas cosas que son esenciales para ti por "amor" a tu pareja, sacrificándote negativamente.
- Te desconectas de quien eres y de tus anhelos. Dejas de soñar y de preguntarte lo que deseas.
- Pones toda tu atención y energía en tu pareja.
- Estás atorada sin llegar a tu potencial verdadero.

Al estar atorada puedes sentirte sin dirección ni motivación, sabes que podrías estar en otro nivel y no tienes la energía necesaria para llegar ahí. Esto te genera frustración, desesperación, ansiedad y angustia.

Si tienes hijos las cosas se complican más porque tu responsabilidad incluye impulsarlos hacia su vida, y si no tienes energía para ti ¿cómo podrás apoyarlos a ellos? Hay parejas que enfocan toda su atención en sus hijos y ambos se sacrifican negativamente por ellos, dándose el mismo proceso, aunque el centro esté en los hijos en lugar de en la pareja. Sólo puedes dar lo mejor de ti cuando tú estás bien. Eres buena pareja y madre/padre cuando estás centrada, con dirección y llena de vitalidad. Finalmente, lo que es bueno para ti también es lo que les hace bien a los demás.

Cuando tu pareja no es la madre/padre de tus hijos debes poner especial atención para que haya armonía en la relación. Tu labor es cuidar y proteger a tus hijos dándoles el lugar que tienen de pequeños, que necesitan ser sostenidos para ir hacia su vida. Cuida que tu pareja trate a tus hijos con dignidad y que tus hijos sean respetuosos con tu pareja, reconociendo que ella está en tu misma jerarquía. El tiempo y la energía que necesitan tus hijos varía de acuerdo con su edad y las necesidades específicas de cada uno. Recuerda que ellos llegaron antes a tu vida y que tu primera responsabilidad es sacarlos adelante. Una vez que ellos vuelen serás libre para darle más tiempo y energía a tu pareja, pero mientras tus hijos son pequeños, son tu prioridad.

No debes de darle a tu pareja lo que necesitan tus hijos para ir hacia su vida, por el contrario, tu pareja te aporta y nutre para que puedas dar aún más a tus hijos. Si hay peleas entre tus hijos y tu pareja, lo primero que debes de revisar es si has puesto las cosas en orden. Tu pareja es tu igual, en tu misma jerarquía, siendo "la grande" en relación con tus hijos. Tus hijos son "los pequeños" y reciben apoyo para ir hacia su vida, agradeciendo lo que reciben, usándolo bien y siendo respetuosos con ambos. Una buena relación de pareja te apoya para dar lo mejor a tus hijos. Una relación tóxica compite con tus hijos y te drena.

Si pierdes impulso para ir hacia tu vida cuando estás en tu relación de pareja, revisa lo que sucede. Cuando hay tantos conflictos en una relación, tu energía vital se drena y te enfocas en solucionar los problemas. Si te la pasas dándole tu energía a tu pareja perderás el tiempo, ni nutres al otro ni avanzas tú.

Analiza si tu relación de pareja es tóxica con esta evaluación, contestando *sí* cuando es algo que sucede, aunque sea algunas veces, y contestando *no* cuando es algo que definitivamente no ocurre.

1. ¿Sostienes a tu pareja a costa tuya?
   Sí ◯   No ◯

2. ¿Sacrificas tu bienestar al estar en esa relación de pareja?
   Sí ◯   No ◯

3. ¿Has renunciado a tus sueños para estar con tu pareja?
   Sí ◯   No ◯

4. ¿Dejas de cumplir con tus responsabilidades por complacer a tu pareja?
   Sí ◯   No ◯

5. ¿Te es difícil sentirte apoyada por tu pareja?
   Sí ◯   No ◯

6. ¿Pierdes impulso para ir hacia tu vida cuando estás con tu pareja?
   Sí ◯   No ◯

7. Cuando le compartes tus metas, ¿recibes más críticas y de-valuaciones que apoyo y sostén?

Sí ○   No ○

8. ¿Normalmente hacen lo que tu pareja quiere?

Sí ○   No ○

9. ¿Los conflictos en la relación son abundantes?

Sí ○   No ○

10. ¿Te sientes drenada en tu relación?

Sí ○   No ○

Cuenta los *sí* que obtuviste y reconoce el nivel de toxicidad que tiene tu relación. En una relación sana no obtienes ningún *sí*. Analiza lo grave que es tu situación y en el capítulo 5 descubrirás lo que puedes hacer al respecto.

RELACIONES PROFESIONALES

Tus relaciones profesionales son las que tienen como objetivo impulsarte a ti y a los demás para que alcancen su potencial profesional, cumpliendo sus metas laborales y económicas. Cada relación tiene características diferentes, dependiendo de la jerarquía que ocupas, de lo que te toca dar y de lo que debes recibir.

LA RELACIÓN CON TU JEFE

En esta relación tu jefe ocupa la jerarquía superior y es "el grande". En una relación sana tu jefe te da la dirección, las indicaciones y los recursos necesarios para llevar a cabo tu trabajo con éxito.

Tu labor es utilizar todo esto para dar lo mejor de ti, respetando la jerarquía.

Una relación con tu jefe es tóxica cuando:

- No recibes lo que requieres para manifestar tu potencial profesional.
- No das lo que te corresponde en el trabajo para que tu jefe y la empresa manifiesten su potencial.

No recibes de tu jefe lo que requieres

En una relación tóxica con tu jefe se te exige dar resultados sin proporcionarte la dirección adecuada, los datos o los recursos que requieres para realizar el trabajo. También puede ser que no recibas un ingreso adecuado para el trabajo que realizas. A veces esto te sirve para movilizarte por ti misma, encontrar soluciones y obtener lo que te falta por otro lado, logrando cumplir con tus metas y con tu trabajo, a pesar de ese jefe. Tienes que identificar si esto vale la pena para ti y si estás pudiendo manifestar tu potencial profesional.

Enfrenta la situación que ocurre con tu jefe sin tomarlo personal, analizando tus opciones. Recuerda que tu jefe puede dejar de serlo, sobre todo si no hace bien su trabajo, pero si tú haces lo que a él le toca ¡en la empresa no se notará! Y si tu jefe es el dueño, será tu jefe mientras tú sigas en esa empresa.

Cuando tu jefe te carga la mano y estás trabajando sin el apoyo que necesitas revisa si esto es en tu mayor beneficio. Si lo que haces te ayuda a crecer y a manifestar un mayor potencial profesional dale la bienvenida. Si estás recibiendo abusos pon límites sanos. Reconoce el riesgo de perder tu trabajo porque es real y toma las medidas de precaución para protegerte, como tener ahorros y otras opciones laborales.

Muchas personas proyectan los asuntos que no han resuelto con sus padres en la relación que tienen con sus jefes. Entonces cualquier problema con sus jefes se vuelve gigantesco y les afecta profundamente. Reconoces que esto te está pasando porque tus reacciones emocionales son desproporcionadas, por ejemplo, tu jefe te señala un error y tú te sientes profundamente afectada. Una respuesta proporcional cuando tu jefe te llama la atención es corregir tu error, aprender a hacerlo mejor y enfocarte en lo que sigue. Si proyectas a tus padres en tu jefe, nada de lo que él te dé será suficiente.

Si en tu jefe proyectas a otra persona, por ejemplo a un hermano o a la pareja con la que siempre soñaste, vas a esperar recibir más de lo que un jefe puede y debe darte. Si te enredas sexualmente con tu jefe, ya es tu pareja y tu jefe a la vez, así que tiene las características de ambas relaciones. ¡Ya de por sí las relaciones son complejas, y así se complican más!

No das lo que se requiere en el trabajo

Cuando enredas las cosas con tu jefe dejas de dar lo que se requiere, y si esto sucede perderás tu trabajo. Tú estás ahí para realizar un trabajo por el que te pagan. Concéntrate en lograr tu potencial profesional y en ayudar a tu jefe a manifestar el suyo. Lo mejor es buscar una empresa que esté alineada con tus propias metas profesionales, así, al ayudar a la empresa y a tu jefe a crecer también estás desarrollándote tú profesionalmente.

La relación es tóxica cuando das:

- Demasiado en relación con lo que recibes.
- Menos de lo que te corresponde por lo que te pagan.
- Algo diferente de lo que tu jefe y la empresa desean.

Para que la relación sea sana tú y tu jefe deben dar y recibir lo que los impulsa a manifestar su potencial profesional.

Analiza si la relación con tu jefe es tóxica al contestar *sí* cuando es algo que sucede generalmente y *no* cuando es algo que rara vez ocurre.

1. ¿Recibes la dirección adecuada para poder realizar tu trabajo con éxito?

    Sí ◯   No ◯

2. ¿Cuentas con los recursos necesarios para desempeñar tus funciones laborales?

    Sí ◯   No ◯

3. ¿Te sientes apoyada por tu jefe para manifestar tu potencial profesional?

    Sí ◯   No ◯

4. ¿Consideras que existe un equilibrio entre lo que das y recibes en tu trabajo?

    Sí ◯   No ◯

5. ¿A tu jefe sólo lo ves por lo que es, sin proyectar en él a tus padres u otras personas?

    Sí ◯   No ◯

6. ¿Sientes que están satisfechos con lo que tú das en el trabajo?

    Sí ◯   No ◯

7. ¿Tu trabajo apoya a tu jefe a manifestar su potencial profesional?

    Sí ◯   No ◯

Cuenta los *sí* que obtuviste:

6-7 = Buena relación

4-5 = Mereces algo mejor

0-3 = ¡Resuélvelo ya!

LA RELACIÓN CON TUS COMPAÑEROS DE TRABAJO

Con tus compañeros de trabajo tienes una relación entre iguales, es decir, tienen la misma jerarquía y se impulsan como "hermanos" para lograr manifestar su potencial profesional. Hay compañeros de trabajo con los que tienes una gran cercanía y otros que no tienen impacto en tu vida profesional. Idealmente, haces equipo con tus colegas para lograr las metas. Una persona que tiene buena relación con sus compañeros de trabajo logra más en su trabajo y sus horas de oficina son agradables.

La relación con tus colegas es tóxica cuando:

- No se apoyan equilibradamente para cumplir los objetivos profesionales.
- Los conflictos entre ustedes te impiden avanzar hacia tu potencial.

Avanzas rápido cuando gozas de relaciones laborales en las que das y recibes apoyo profesional. Las personas que sobresalen en su trabajo generalmente son generosas al compartir lo que han aprendido en su camino, ahorrándoles tropiezos a los demás. Una persona que comparte su sabiduría y apoya a sus colegas es más feliz y se siente plena. Esta "buena onda" que envía a sus compañeros de trabajo se le regresa con bendiciones. Además, en las empresas ascienden aquellos que impulsan a los demás a manifestar su mayor potencial.

Tú puedes crear un equipo de compañeros de trabajo que se apoyan mutuamente para lograr sus metas o un equipo en el que pretendan subir pisando a los demás. La competencia y la envidia te pueden servir cuando las usas para reconocer tus puntos débiles y las fortalezas de los demás, mejorando la manera en que lo que has hecho hasta ahora. Aprende de tus compañeros aquellas habilidades en las que te superan.

Si eres el blanco de chismes, celos y envidias, analiza cómo estás participando. En caso de que la molestia de tus compañeros de trabajo se deba a tus logros porque se sienten en desventaja laboral, enfócate en tu trabajo y apóyalos cuando puedas a superarse. Los que valgan la pena aprenderán a valorar lo que les ofreces. Recuerda que donde pones la atención inyectas energía. Cuida qué es lo que quieres hacer crecer: los chismes o el éxito de los proyectos laborales.

Reconoce cómo es tu relación con tus compañeros. También puedes elegir alguna relación que te reta. Contesta la evaluación con un *sí* cuando es algo que sucede generalmente y *no* cuando es algo que rara vez ocurre.

1. ¿Percibes a tus compañeros como tus iguales, sin ponerte por encima ni por debajo?
   Sí ◯   No ◯

2. ¿Impulsas a tus compañeros para que manifiesten su potencial profesional?
   Sí ◯   No ◯

3. ¿Pides apoyo a tus compañeros?
   Sí ◯   No ◯

4. ¿Recibes el apoyo de tus compañeros?

   Sí ○   No ○

5. ¿Te sientes impulsada por tus compañeros para lograr las metas profesionales?

   Sí ○   No ○

6. ¿Aunque haya conflictos entre ustedes, mantienes tu enfoque en el trabajo y avanzas hacia tus metas profesionales?

   Sí ○   No ○

7. ¿La competencia con tus compañeros te sirve para ser mejor?

   Sí ○   No ○

8. Cuando sientes envidia, ¿la utilizas para darte cuenta de lo que deseas lograr en el trabajo?

   Sí ○   No ○

9. ¿A pesar de las diferencias que existen entre ustedes, encuentran formas de trabajar en armonía?

   Sí ○   No ○

10. ¿Has aprendido a dejar de criticar y juzgar a tus compañeros?

    Sí ○   No ○

11. ¿Respetas a tus compañeros?

    Sí ○   No ○

12. ¿Te mantienes enfocada en el trabajo sin enredarte en chismes o envidias?

    Sí ○   No ○

13. ¿Reconoces a tus compañeros en su capacidad?

    Sí ○   No ○

14. ¿Eres reconocida por tus compañeros en tu capacidad?

    Sí ○   No ○

15. ¿Consideras que eres una presencia que nutre a tus compañeros?

    Sí ○   No ○

Cuenta los *sí* que obtuviste:

12-15 = ¡Felicidades!

9-11 = Mereces mejorar tu relación

0-8 = Trabaja en ti

LA RELACIÓN CON TUS SUBORDINADOS

Tú ocupas la jerarquía superior en relación con tus subordinados y te corresponde sostenerlos y dirigirlos brindándoles la claridad, el apoyo y los recursos necesarios para que realicen su trabajo exitosamente. Un buen jefe obtiene lo mejor de sus subordinados.

La relación con tus subordinados es tóxica cuando:

- No estás dirigiendo ni dando a tus subordinados lo que se requiere para que manifiesten su potencial profesional.
- Permites que los subordinados hagan y den algo diferente de lo que beneficia a la empresa.

De ti depende el rendimiento del equipo, así que ponte las pilas y reconoce cómo podrías ser un jefe extraordinario:

1. ***Entrena y empodera a tu equipo:***
   Cuando surjan problemas, entrena a tus subordinados para que puedan resolverlos la siguiente vez que se presenten. Hazlos sentir capaces e inteligentes. Si tú solucionas las cosas, tus subordinados ni aprenden a hacerlo ni generan la confianza de que lo podrán hacer solos. Un buen jefe no es el que hace el trabajo, es el que guía a su equipo para que

los demás saquen el trabajo eficientemente, aun cuando no está presente.

2. **Crea un buen ambiente de trabajo:**

   Reconoce a cada uno de tus subordinados, entérate de lo que hacen, de sus metas, sueños, ambiciones y de los eventos importantes que suceden en su vida. Tus subordinados son seres humanos, antes que empleados. Hazles saber lo importantes y valiosos que son, escúchalos para que puedan expresar sus ideas, dudas, miedos y así podrás atender lo que sucede en el momento adecuado. Un subordinado que se siente seguro reconoce sus errores y pide ayuda.

3. **Comunícate con efectividad:**

   Sé claro en tus indicaciones y en lo que esperas de cada subordinado. Todo el equipo debe saber hacia dónde van como organización y cómo encajan en la visión global. Da retroalimentación positiva para que cada quien pueda trabajar en sus objetivos mejorando su desempeño. Tener una visión los hace sentir parte de algo más grande, se comprometen y motivan.

4. **Decide sabiamente:**

   Un jefe que toma las decisiones correctas a tiempo es respetado y genera confianza. Los subordinados tendrán el valor de decirte lo que pasa cuando tú haces algo al respecto. En cambio, si te quedas pasmada ante los problemas, tus subordinados entrarán en pánico y te ocultarán los problemas que existen.

5. **Sé productiva:**

   Modela a tus subordinados lo que deseas de ellos. Si esperas eficiencia y productividad, así debes de trabajar. Lo que haces en tu oficina se replicará en tus subordinados porque son un reflejo de ti misma. Si en tu oficina hay chismes o envidias, pon límites y despide a los subordinados que en lugar de trabajar se dedican a atacar a otros. Envía un mensaje claro y contundente de lo que se espera en el trabajo. Los que se esfuerzan y progresan se sentirán protegidos y apoyados por ti.

Evalúa tu habilidad para ser jefe. Contesta la evaluación con un *sí* cuando es algo que sucede generalmente y *no* cuando es algo que rara vez ocurre.

1. ¿Percibes a tus subordinados como personas valiosas y capaces?

   Sí ◯   No ◯

2. ¿Impulsas a tus subordinados a lograr sus metas profesionales?

   Sí ◯   No ◯

3. ¿Entrenas a tus subordinados para que puedan resolver lo que se les presenta sin tu ayuda?

   Sí ◯   No ◯

4. ¿Empoderas al equipo?

   Sí ◯   No ◯

5. ¿Creas un buen ambiente en el trabajo?

   Sí ◯   No ◯

6. ¿Tus subordinados se sienten seguros al expresarte sus dudas?

   Sí ◯   No ◯

7. ¿Te comunicas con efectividad?

   Sí ◯   No ◯

8. ¿Tus subordinados tienen claras sus funciones?

   Sí ◯   No ◯

9. ¿Tomas decisiones correctas y a tiempo?

Sí ○   No ○

10. ¿Eres productiva?

Sí ○   No ○

11. ¿Dejas ir a los subordinados que son improductivos?

Sí ○   No ○

Cuenta los sí que obtuviste:

9-11 = ¡Tu relación es excelente!

7-8 = Bien

0-6 = Mereces superarte

RELACIONES DE AMISTAD

Tus amigos son tu "familia del alma", aquella que eliges de acuerdo con tus gustos y con los que a veces tienes aún más cercanía que con tu familia biológica por las afinidades que comparten. Si hay muchos años de diferencia entre ustedes, son como los padres o hijos que te hubiera gustado tener. Si tienen más o menos tu edad, son como tus hermanos, y los disfrutas compartiendo platicas íntimas, apoyándose en los problemas, siendo cómplices de las aventuras de la vida.

Hay amigos que te acompañan durante muchos años, algunos sólo están a tu lado en una etapa específica y otros coinciden contigo por un corto periodo. Contar con su compañía hace una gran diferencia en tu vida. Con los buenos amigos te nutres tanto dando como recibiendo y te hacen sentir útil, con propósito, incluida, amada y aceptada. ¡Los amigos aumentan tu autoestima!

Las etapas difíciles se transforman gracias a la compañía de tus amigos y en esos momentos reconoces cuáles son los verdaderos, aquellos con los que puedes contar. Así como los buenos amigos son un tesoro, los amigos tóxicos pueden causar grandes estragos porque los dejas entrar en tu intimidad e influyen en lo que crees acerca de ti misma.

Una relación de amistad es tóxica cuando:

- No se nutren ni apoyan de manera equilibrada.
- Lo que recibes o das te quita impulso hacia la vida.

En las relaciones de amistad sanas das y recibes sin llevar la cuenta de manera consciente, ya que tu balanza interna te indica si hay equilibrio. Si un amigo pasa por un momento difícil, tú estarás disponible para darle y sostenerlo el tiempo que lo necesite. Aunque aparentemente tú eres el que da y sostiene, su aprecio, gratitud y compañía te compensan y la relación se equilibra. Como ves, el equilibrio se alcanza porque lo que se da y se recibe tiene un valor equivalente para los que participan en el intercambio.

Por el contrario, en las relaciones tóxicas hay desequilibrio en los intercambios porque así lo percibe al menos alguno de los involucrados. Esto es subjetivo, ya que depende de lo que sea importante para cada persona. Por eso tienes que considerar lo que el otro quiere recibir para dar lo que realmente nutre. Hay personas que dan mucho, pero no lo que el otro desea, y luego se sorprenden porque no son valoradas.

En una relación de amistad sana se escucha y reconoce lo que cada quien desea recibir. Si una amiga está nerviosa porque tiene un examen, ¿prefiere que la dejes estudiar tranquila o que te la lleves de fiesta para relajarse? Esto depende de ella. Una buena amiga pregunta y escucha la respuesta, respetando lo que es mejor para esa persona.

Los amigos tóxicos no escuchan ni respetan, y si tienes amigos que así se comportan contigo te tengo una mala noticia: muy probablemente tú tampoco escuchas ni respetas. Tal vez con ellos sí lo haces, desviviéndote por complacer sus deseos y satisfacer sus necesidades, pero dejas de escuchar y respetar a la persona que debería ser la más importante para ti: tú misma. Si tus amigos no te escuchan ni respetan tus decisiones, lo primero que tienes que revisar es la manera en la que te escuchas a ti misma. ¿Reconoces tus estados de ánimo y tus deseos? Cuando te das cuenta de lo que deseas, ¿lo validas y le das importancia? Muchas personas atienden los deseos de los demás y se dejan al último. Los demás ocupan todo su tiempo y energía, por lo que no queda nada para ellas. Terminan olvidándose de sí mismas, rodeadas de personas que las exprimen y sintiendo que sólo sirven para dar a los demás.

Dar lo que nutre a otros es hermoso, te revitaliza y te proporciona un sentido de vida, siempre y cuando esté alineado con lo que tú deseas. Por ejemplo, a mí me apasiona mi trabajo y puedo dar mucho sin drenarme porque doy lo que yo deseo. Si realizo un taller, escucho las propuestas de los demás y elijo el tema que hace vibrar mi corazón. Si yo eligiera basándome únicamente en los deseos de los demás, olvidándome de mí, perdería mi centro. La clave al dar y al recibir es escuchar y respetar, tanto a ti misma como a los demás.

Si tú das sin escuchar ni respetar a los demás, lo harás de una manera tóxica porque no los impulsarás hacia sus metas. A veces, aunque escuchas y respetas, hay personas incongruentes, dicen una cosa y hacen otra. Por ejemplo, a una amiga que dice que quiere crecer profesionalmente la apoyas para que lo haga, pero ella luego se resiente contigo porque cree que la presionas. O la amiga que te dice que quiere bajar de peso, le sugieres ir a caminar en lugar de tomar un café con pastel y se enoja contigo. No basta escuchar las palabras, hay que escuchar profundamente, observando las acciones que sostienen las palabras y respetar su manera de enfrentar cada situación.

Las fricciones con los que amas muchas veces ocurren por esta razón: tú ves las cosas de una manera y los demás de otra. Tu forma de ver la vida y vivirla no son las únicas ni las correctas, son las que a ti te placen. El respeto incluye aceptar las formas de los demás y reconocer que tienen la misma validez que las tuyas. Escuchar y respetar la manera en la que desean llevar su vida es la clave para tener relaciones de amistad sanas.

Si una amiga enfrenta sus problemas o prefiere negarlos, es su decisión. Si tratas de que enfrente y solucione su problema, cuando ella no desea hacerlo, pelearás arriesgando la relación. Puedes expresar tu opinión y tus preocupaciones, pero tú no diriges su vida. Si pretendes hacerlo perderás tu impulso de vida porque lo estarás poniendo en la vida de ella, tratando de empujarla en una dirección diferente a la que ella desea.

A veces es al revés y tus amigos son los que tratan de empujarte en una dirección diferente a la que tú deseas ir. Respeta tus maneras sin tratar de convencerlos. Renuncia a recibir su aprobación o validación, con la tuya es suficiente. Gozar buenas relaciones de amistad es muy fácil cuando escuchas y respetas, sobre todo a ti misma.

Lo que sucede cuando tienes relaciones de amistad tóxicas es que aceptas cosas que te dañan o haces cosas que dañan al otro, sin escuchar ni respetar a los demás o a ti misma. Ahora evalúa qué tan tóxicas son tus relaciones de amistad. Te sugiero elegir las más importantes para ti y contestar el cuestionario para cada una.

Contesta *sí* cuando es algo que sucede generalmente y *no* cuando es algo que rara vez ocurre.

1. ¿Te sientes nutrida en esta relación?
   Sí ○   No ○
2. ¿Te sientes revitalizada al apoyar a tu amiga o amigo?
   Sí ○   No ○
3. ¿Crees que hay equilibrio en sus intercambios?
   Sí ○   No ○
4. ¿Sientes que puedes confiar en la relación?
   Sí ○   No ○
5. ¿Crees que se alegra de tus éxitos y avances?
   Sí ○   No ○
6. ¿Te sientes escuchada en la relación?
   Sí ○   No ○
7. ¿Te sientes respetada en la relación?
   Sí ○   No ○
8. ¿Escuchas a tu amiga o amigo?
   Sí ○   No ○
9. ¿Respetas a tu amiga o amigo?
   Sí ○   No ○
10. ¿Sientes que te impulsa hacia la vida?
    Sí ○   No ○
11. ¿Sientes que tú impulsas hacia la vida a tu amiga o amigo?
    Sí ○   No ○

Cuenta los *sí* que obtuviste:
9-11 = Tu relación es nutriente

7-8 = Hay cosas buenas en la relación

0-6 = Mereces mejorar tus dinámicas

LA RELACIÓN CONTIGO MISMA

La relación más importante de todas es la que tienes contigo misma. Ésta es la que marca todas tus otras relaciones. Si eres tu mejor amiga, el concepto que tienes de ti misma es positivo, te tratas con amor y eliges relacionarte sólo con personas que te tratan bien. Por el contrario, si eres tu enemiga, el concepto que tienes de ti misma es negativo, te tratas con agresión y eliges relacionarte con personas que te maltratan.

Convives contigo misma todo el tiempo y lo que piensas acerca de ti es lo que más te afecta. El gran problema es que los pensamientos son silenciosos, están ahí dando vueltas en tu cabeza, dañándote cuando son negativos, como mosquitos latosos que te pican y succionan la sangre, dejando unas ronchas rojas después. Te das cuenta de lo que pasó hasta que estás toda picoteada y con una comezón que te dura varios días.

Tus ataques mentales así funcionan. Un pensamiento negativo que pasa por tu mente por un segundo te deja con molestias mucho más tiempo. Cuando estás acostumbrada a agredirte mentalmente tus pensamientos ya conocen el camino y se van en automático por ahí, como cuando cae la lluvia y se va por el mismo surco en la tierra. Si continuamente piensas: "otra vez me equivoqué, ¡no puedo hacer nada bien!, soy una inútil, ni tiene caso esforzarme, esto es muy difícil, soy de lo peor…", cualquier falla detonará un conjunto de creencias limitantes acerca de ti misma y de lo que puedes lograr. Lo normal es cometer errores, el problema no es ése, es que tu mente está educada para agredirte cuando suceden.

¡Esto te puede pasar con muchas cosas! Puedes estar agrediéndote por tu físico, por tu desempeño escolar o laboral o por las relaciones que tienes. Cuando te atacas mentalmente lo haces por muchas razones y de varias maneras.

Lo que piensas acerca de ti misma te afecta profundamente y tiene mucho más peso que lo que te dice cualquier otra persona. De hecho, si una persona te dice algo terrible, cuando tú no lo crees, no te afecta, pero si lo crees, sientes que te rompe el corazón. El poder de lastimarte se lo da la percepción que tienes acerca de quién eres.

Cuando tú te percibes capaz e inteligente, si alguien te señala una falta en tu capacidad, podrás recibir la retroalimentación y corregirla sin conflicto. En cambio, si te sientes insegura de tu capacidad, te defenderás, justificarás o te sentirás mal. Perderás tiempo y energía en algo que podría ser pequeño al resolverse con agilidad. Luego te quedarás dándole vueltas al asunto con diálogos mentales desgastantes que bajan tu autoestima.

Por el contrario, un diálogo mental positivo te revitaliza y te ayuda a superar los obstáculos. Cuando las cosas te salen mal y mentalmente te dices: "voy a salir adelante, tengo la fortaleza para superar esto, ya aprendí la lección y lo voy a hacer todavía mejor…", te empoderas y te alineas. Tu siguiente paso será en la dirección correcta y lo darás motivada. La mente es muy poderosa y tú puedes aprender a controlarla.

Deja de ser tu enemiga y transforma tus pensamientos. Conviértete en tu mejor amiga al sanar la relación contigo misma, es lo que más te beneficia a ti y a todas tus relaciones.

El primer paso es reconocer qué tan tóxica es la relación que tienes contigo misma. Contesta honestamente *sí* cuando es algo que sucede generalmente y *no* cuando es algo que rara vez ocurre.

1. ¿Te tratas con amor y amabilidad?

   Sí ○   No ○

2. ¿Buscas darte apoyo cuando lo necesitas?

   Sí ○   No ○

3. ¿Crees que hay equilibrio en lo que haces para los demás y lo que haces para ti misma?

   Sí ○   No ○

4. ¿Te tratas a ti misma como una persona digna de confianza?

   Sí ○   No ○

5. ¿Te tratas a ti misma como una persona capaz?

   Sí ○   No ○

6. ¿El concepto que tienes de ti misma es positivo?

   Sí ○   No ○

7. ¿Gozas de tus éxitos y avances?

   Sí ○   No ○

8. ¿Te escuchas a ti misma?

   Sí ○   No ○

9. ¿Le das valor a lo que es importante para ti?

   Sí ○   No ○

10. ¿Te respetas y te cuidas (haces lo que realmente te beneficia)?

    Sí ○   No ○

11. ¿Tu diálogo mental es positivo?

    Sí ○   No ○

Cuenta los *sí* que obtuviste:

9-11 = Tu relación es sana

7-8 = Hay cosas que necesitas mejorar

0-6 = Mereces amarte

¿Qué tal te fue en la evaluación? Si saliste muy bien en la relación contigo misma y en tus otras relaciones no es así… vuelve a contestar y analiza a fondo tus respuestas. Una persona que se escucha y se respeta se rodea de personas amorosas que la nutren. La relación que tienes contigo misma es la base para todas las demás, y sólo si te responsabilizas reconociendo honestamente lo que haces podrás solucionar tus dinámicas.

Ahora vas a transformar la manera en la que has llevado tus relaciones. ¡Estás lista!

5

¿Cómo te liberas de tus relaciones tóxicas?

¡Felicidades! Has llegado a la etapa final logrando muchos avances. Ya has identificado tus relaciones tóxicas, sabes las causas que te llevaron a enredarte en ellas y conoces las razones por las que has estado atrapada. Has realizado los ejercicios para resolver los patrones limitantes de fondo y ahora estás lista para dar los últimos pasos.

Liberarte de tus relaciones tóxicas no necesariamente significa terminar la relación con esas personas. Puedes terminar una relación tóxica transformándote a ti misma y actuando diferente de como lo has hecho hasta ahora. Al cambiar tú y tu forma de comportarte dentro de la relación toda la relación se modifica. Sólo tendrás que realizar los cambios que se requieren, romper los viejos hábitos y ver qué pasa. Si la dinámica no se modifica lo suficiente tendrás que reconsiderar tu decisión de conservarla o ver qué otros cambios se necesitan. Si la relación te nutre en áreas que te importan, podrías darte una oportunidad para sanarla y enfocarte en crecer tú para transformar la dinámica entre ustedes.

Sin embargo, hay algunas relaciones que te drenan o limitan tu avance y tenerlas a tu lado te resta energía que podrías usar para lograr lo que deseas. Termina definitivamente ese tipo de relaciones y deja de darles oportunidades. Ya fue suficiente, has perdido tiempo, energía y mereces más. Seguir dedicando más amor a ellas es un acto de desamor para ti misma. Conservarlas impide que lleguen nuevas personas que podrían llenarte de bendiciones e impulsarte a tu siguiente nivel de evolución.

Hay tres procesos que necesitas realizar para terminar tus relaciones tóxicas:

1. Escucha a tu sabio corazón.
2. Analiza tus opciones.
3. Elige el camino y avanza.

Para escuchar la sabiduría de tu corazón tienes que conectarte contigo misma y con tus anhelos, aquello que te da felicidad y trae sentido a tu vida. Al analizar tus opciones estás conectando con una parte de ti lógica, aterrizada y realista. Usando la sabiduría de tu corazón y de tu mente podrás elegir el camino adecuado y avanzar exitosamente.

Serás guiada a través de estos tres procesos con preguntas muy profundas, que posiblemente jamás te has hecho. Algunas preguntas te pueden parecer repetidas o que no apliquen en tu caso concreto, pero al trabajar otra relación te ayudarán. Las preguntas están hechas con la idea de llevarte cada vez más profundo para que descubras información valiosa sobre ti misma y te transformes. Las soluciones que salen de ti misma son las que van de acuerdo con lo que realmente deseas y te beneficia.

Si te atoras en alguna parte del proceso respira y relájate, aquí estoy contigo tomándote de la mano con amor. No estoy en forma presencial, pero me sientes acompañándote. Mi intención con este libro es apoyarte para que te liberes de tus dinámicas destructivas, es tu momento de hacerlo, ya sufriste suficiente y mereces ser feliz.

Al final del capítulo te comparto el proceso de tres pasos en varios casos de la vida real. Cada corazón y cabeza es un mundo diferente. Lo que es mejor para otros no necesariamente es lo mejor para ti. Tú tienes un camino de vida único y especial. Los ejemplos que te doy son para que puedas abrirte compasivamente a ti misma y sin compararte descubras tu propia manera de resolver y concluir tus relaciones tóxicas. Así que toma un cuaderno y prepárate para un magnífico recorrido.

ESCUCHA A TU SABIO CORAZÓN

Lo primero que necesitas es identificar lo que tú deseas con cada una de las personas con las que tienes una relación tóxica. Esto parece sencillo y lógico, sin embargo, es lo que más se les complica a mis consultantes por los sentimientos encontrados que hay. Definir lo que tú quieres en una relación tóxica es muy difícil porque las dinámicas te succionan y giras alrededor de los deseos de la otra persona sin darte cuenta.

En las relaciones tóxicas te olvidas de ti misma, de lo que quieres y de quién eres. Saber qué hacer se vuelve sumamente complejo porque tus pensamientos están mezclados con los de la otra persona. Definir lo que quieres cuando la relación es tóxica es como tratar de salir del mar después de que te revolcó una ola gigante. ¡Estás hundida en el fondo, tan confundida que no sabes en qué dirección debes nadar para llegar a la superficie y poder respirar! Al poner toda tu atención en la otra persona te desconectas de ti misma y dejas de pensar en lo que es importante para ti. Todos tus pensamientos revolotean alrededor del otro, y cada vez que consideras una nueva posibilidad que podría ser positiva para ti regresas la atención a la otra persona, tratando de adivinar lo que va a suceder y cómo va a reaccionar. Al hacer esto tu atención no se centra en ti misma el tiempo suficiente para que reconozcas lo que realmente deseas.

Dispersar tu atención continuamente, poniéndola en otras personas, te desempodera. Donde pones tu atención pones tu energía, y a eso le das poder. Para dirigir tu vida con éxito debes poner la atención en ti misma, sobre todo cuando estás en el proceso de tomar decisiones trascendentes. Si estás en el momento de elegir algo importante para ti, pensando en cómo va a reaccionar la otra persona, le darás las riendas de tu vida.

Si llevas haciéndolo mucho tiempo, generaste un hábito y te sucede en automático. En una relación tóxica entregas tu poder al otro sin notarlo siquiera. La otra persona ocupa el primer lugar en tu vida y, si es demandante, usa todo el espacio y la energía que tienes, sin dejar algo para ti.

Generalmente lo que haces con una persona lo haces con varias. Esta dinámica destructiva en la que entregas tu poder y giras alrededor de los deseos del otro te debe suceder con muchas personas. Tal vez lo haces más con algunas personas que con otras, puede ser que el patrón sólo te es evidente con aquellas personas que tienen ciertas características específicas, por ejemplo, son autoritarias, víctimas, o con las que tú tienes una relación más íntima.

Mientras más tiempo llevas haciendo esto, más difícil te es entrar en contacto con lo que tú deseas ahora. Ante cada decisión, tu atención salta hacia la otra persona automáticamente y reaccionas a lo que percibes en él o ella, sin darte cuenta de lo que te está pasando. Romper este hábito destructivo es tu gran reto.

Además ni siquiera sabes con certeza si lo que percibes del otro es real. Estás haciendo suposiciones basándote en tus experiencias anteriores. Realmente no sabes lo que pasará en tu relación ni lo que sentirá o pensará la otra persona si tú eliges lo que verdaderamente deseas. Todo el conflicto está ocurriendo únicamente en tu mente a nivel subconsciente.

El problema con las suposiciones es que te confunden porque piensas que son reales. Tal vez tienes muchas buenas razones para creer que lo que pasó en tu pasado volverá a repetirse porque ha sucedido muchas veces, y tu miedo es comprensible. Sin embargo, suponer que el presente será igual a tus experiencias anteriores te impide escribir una nueva historia más feliz, y tú te la mereces. Dejar ir la vieja manera de protegerte es un riesgo y habrá resistencia. Por eso, de todos los pasos que has dado hasta ahora, éste es el que implica una mayor comprensión y compromiso de tu parte. Vale la pena hacerlo porque el resultado será grandioso y serás muy recompensada.

Al ponerte en primer lugar y comprometerte contigo misma cambias tu manera de ser, de comportarte y de responder ante los demás, por consiguiente, las personas que te rodean dejarán de tratarte como lo hacían antes. Lo que tú quieres se tomará en cuenta porque tú lo estás reconociendo antes que nadie. Los demás responderán en consecuencia y tus relaciones tóxicas dejarán de serlo.

Reconocer lo que deseas en cada una de las relaciones que han sido tóxicas hasta ahora es el primer paso que debes realizar para terminar con estas dinámicas. Saber qué te sucede a ti con la otra persona, qué deseas, qué te gusta, qué no te gusta, qué te falta, qué valoras, analizando tu relación mientras pones el cien por ciento de tu atención en ti misma, pensando únicamente en ti misma, sin considerar a los demás por un momento, es tu gran reto.

Algo que lo hace especialmente difícil es la creencia de que estás siendo egoísta al pensar en ti antes que en los demás y que eso es muy malo. Pensar sólo en ti, olvidándote del otro, ser "egoísta por un momento", es exactamente lo primero que tienes que hacer para salir de una relación tóxica. La clave es que es sólo por un momento, el que necesitas para conectarte contigo misma, sin pensar en nadie ni en nada más, durante el tiempo suficiente para descubrir lo que tú deseas verdaderamente.

En el tema del egoísmo y la generosidad existen confusiones que pueden afectarte gravemente. Hay muchas maneras de ser egoísta y generosa. Tu primera responsabilidad está contigo misma, ya que sólo si te atiendes bien podrás dar a otros lo que les nutre. Sólo puedes dar lo que tienes.

Pensar en los demás es un acto de generosidad, siempre y cuando te preguntes qué quieres y necesitas tú, antes de atender a los otros. Se trata de dar a los otros sin olvidarte de ti, ya que pasar sobre ti misma por atender a otros te hace daño. Si sucede ocasionalmente, en una emergencia, o lo haces cuando es algo que te da gran alegría, ¡adelante! Estás siguiendo los deseos de tu corazón bondadoso. Te comparto como ejemplo que me he desvelado escuchando a un ser amado en crisis o he dado sesiones en mi tiempo de descanso, y me he sentido muy bien al respecto, porque valió la pena.

Dar generosamente te nutre cuando lo haces porque quieres, siguiendo los anhelos de tu corazón, alineada con lo que deseas y en contacto con tus necesidades. De esta manera, piensas en ti y en los demás, haciendo lo que necesita el otro, saliendo de tu zona de confort para ayudarlo sin causarte daño. Pones en una balanza todos los elementos y decides siendo cien por ciento responsable, porque has reconocido el costo que tiene para ti y el beneficio que trae en el otro. De esta manera das empoderada, con compasión, sabiduría y generosidad.

El problema surge cuando realizas acciones para beneficiar a la otra persona a costa tuya, sin considerar todo lo que implica para ti, sólo pensando en los demás. Esto no es generosidad porque no puedes dar algo bueno si te haces daño y ni siquiera lo reconoces conscientemente. La verdadera bondad inicia contigo misma. Si tú estás bien y te cuidas, podrás dar lo que les hace bien a los demás.

Además, alguien que realmente te quiere no te va a pedir ni va a esperar que le des a costa tuya. Si te lo pide, aun sabiendo el daño que te causa, no te ama, te está usando para su propio beneficio. Así de claro es. Lo normal en las relaciones sanas es desear que los seres amados hagan sólo lo que es bueno para ellos, aunque no llenen nuestras necesidades, deseos o expectativas.

En cambio, en las relaciones tóxicas se piden "pruebas" y "sacrificios" para demostrar el amor. Por desgracia, muchas personas piensan que el amor implica este tipo de conductas. Entonces se sacrifican haciendo cosas que no quieren para demostrar su amor y generosidad. Estas acciones que hacen "por amor" y "generosidad" les causan daño, pero creen que su esfuerzo vale la pena y que así deben funcionar las relaciones.

Esta manera de "amar" la experimentas en tu dar y en tu recibir dentro de una relación tóxica. ¿Te ha pasado que alguien te reclama lo que ha hecho por ti? Puede ser que tú no le hayas pedido que hiciera esas cosas, el otro decidió hacerlas suponiendo que tú las querías y luego se enoja contigo por todo lo que se sacrificó "por ti". El reclamo te parece injusto, ¿verdad?

Rara vez se te pregunta o le preguntas al otro lo que quiere antes de hacer el sacrificio. Imagínate el panorama completo: pones tu atención en el otro, tratando de adivinar lo que le gustaría, te olvidas de ti misma, dejas de reconocer y hacer lo que tú quieres por hacer lo que crees que el otro desea y te sacrificas "por amor". O viceversa: ponen su atención en ti, tratan de adivinar lo que te gustaría, se olvidan de ellos y dejan de hacer lo que quieren por darte gusto (según su idea, sin saber lo que tú quieres), sacrificándose por ti sin que tú te sientas satisfecha porque no hicieron lo que tú querías. Generalmente el resultado es el siguiente: ambos terminan frustrados y resentidos. Fue una pérdida de tiempo y de energía.

El que se sacrifica no lo hace por la otra persona, lo hace porque decide, por sus creencias limitantes y porque quiere sentirse bien. No es un acto de generosidad real. Muchas veces ni siquiera le han pedido nada o le pidieron otra cosa diferente y no la hizo porque no le pareció importante. El que se sacrifica está dando lo que quiere, es su voluntad y su decisión hacerlo.

Comprende que cuando te sacrificas no lo haces por amor a la otra persona, lo haces porque tú decides y esa decisión la puedes cambiar en el momento que lo elijas. Nadie puede obligarte a realizar algo que no deseas si estás en tu poder. Para terminar tus relaciones tóxicas tienes que liberarte de la creencia de que sólo eres buena, valiosa y generosa cuando haces lo que el otro quiere, ya que el amor implica sacrificarse de esta manera. Esto limita tu felicidad y el potencial de plenitud en tus relaciones.

Así que deja ir los sacrificios y da el primer paso para terminar tus relaciones tóxicas. Identifica lo que realmente deseas tú, desde el fondo de tu corazón, con cada una de las personas con las que has mantenido una relación tóxica. Mira la lista de relaciones tóxicas que identificaste en el capítulo 1 de este libro. Escoge una de las personas de tu lista y haz todos los ejercicios de este capítulo mientras vas leyéndolo. Te sugiero que elijas trabajar con una sola persona a la vez y que realices todos los ejercicios con esa relación únicamente. Haz el proceso completo con cada persona, tomando el tiempo que necesitas para asimilarlo. Tendrás mejores resultados haciéndolo de esta manera.

Si haces el primer ejercicio con todas las personas de tu lista, tu desgaste emocional será mayor. Es mejor que comprendas cada relación y lo que te pasa a ti en ella a detalle. Esto lo logras metiéndote profundamente en la dinámica que tienes con una sola persona y sacando de raíz los problemas que existen, identificando las acciones positivas que te llevarán a la solución.

Una vez que hayas terminado de resolver una de tus relaciones tóxicas te será más fácil hacerlo con las demás. Así que, para empezar, tal vez quieras escoger alguna relación que no es la más importante, una en la que no hay tanto riesgo porque no dependes económicamente de esa persona, o alguna en la que hay menos emociones involucradas. De esta manera puedes comprender el proceso que se da para ponerles fin a estas dinámicas destructivas. Una vez que lo hayas aprendido repetirás la experiencia con las demás relaciones tóxicas, encontrando el camino de salida sin esfuerzo.

Empieza con el primer ejercicio para que puedas contestar a la pregunta: Y tú, ¿qué quieres? ¡Déjate guiar por la sabiduría de tu corazón!

¿Cómo escuchas a tu sabio corazón?
1. Escoge tu relación a sanar.

Elige a una persona de la lista de relaciones tóxicas que realizaste en el capítulo 1 del libro. Con esta persona vas a trabajar todos los ejercicios de este capítulo.

2. Prepárate para hacer el proceso.

Pon un cojín o una silla vacía frente a ti e imagina que esa persona está ahí sentada. Te sugiero hacerlo de esta manera porque es más fácil conectar con lo que se te detona en presencia de esta persona. Toma un tiempo para imaginar que esa persona está ahí sentada frente a ti. Visualiza y piensa en cada pequeño detalle. Por ejemplo: cómo está vestida y peinada, cuál es su actitud, cómo te está mirando. Recuerda que tú eres la directora de la escena, así que pon todos los detalles que te llevan a sentirte como normalmente te sientes cuando estás frente a él o ella.

Si te cuesta trabajo imaginarla puedes poner la foto de esa persona frente a ti. Si no tienes una foto pon un objeto que te la recuerde. El objetivo es que puedas experimentar en ti lo que te sucede con esa persona, así que elige cualquier cosa que te funcione.

Este paso está completo cuando has podido imaginar que la persona con la que tienes una relación tóxica está frente a ti y sientes los efectos de su presencia en tu cuerpo, en tus emociones y en tu mente.

3. Reconoce lo que te sucede.

- Ahora pon toda la atención en ti. Escanea tu cuerpo de los pies a la cabeza, poniendo especial atención en tu pecho y abdomen. Haz contacto con las sensaciones de tu cuerpo durante las preguntas.
- Completa las frases, identificando los anhelos de tu corazón. Todas las respuestas son correctas, permite que

fluyan sin censura para que puedas reconocer lo más profundo de tu ser. A veces la misma pregunta tiene muchas respuestas y algunas se contradicen. ¡Así de complejos somos los seres humanos!

- Haz el ejercicio poniendo la atención en tus sensaciones corporales y deja de lado los viejos pensamientos relacionados con el pasado porque te distraen de lo que pasa ahora. De esta manera podrás reconocer lo que te sucede en este momento.
- Imaginando que la persona con la que haces el ejercicio está frente a ti, completa las frases anotando lo que descubres.

    a. Al estar contigo me siento _____.

    b. Lo que me pasa contigo es _____.

    c. Lo que yo me siento obligada a hacer por ti es

      _____.

    d. Lo que me da más miedo en la relación es _____

      _____.

    e. Contigo me siento culpable por _____.

    f. Lo que me gustaría recibir de ti es _____

      _____.

    g. Lo que me falta en esta relación es _____

      _____.

    h. Lo que me gustaría cambiar de ti es _____

      _____.

    i. Lo que yo deseo de ti y de esta relación es _____

      _____.

    j. Lo que me gusta y me nutre de nuestra relación es

      _____.

    k. Lo que no me gusta de nuestra relación es _____
    _____.

    l. Lo que valoro de nuestra relación es _____.

    m. Lo que necesito de ti es _____.

    n. Lo que me daña de nuestra relación es _____
    _____.

    ñ. Lo que deseo hacer con nuestra relación es _____
    _____.

4. Toma conciencia de lo importante.

Lee tus respuestas reconociendo lo que te pasa, piensas y sientes. ¿Descubres algo nuevo? Te aseguro que si haces este ejercicio concentrada, cada vez reconocerás algo diferente que te beneficia y te ayuda a conocerte aún mejor. Toma nota de lo que descubriste, sobre todo de aquella información que es nueva para ti.

5. Identifica si deseas conservar esta relación.

Ahora hazte la siguiente pregunta: ¿Deseas conservar a esta persona en tu vida?

Conectando con la sabiduría de tu corazón, contesta *sí* o *no*.

Esto no significa que la vayas a sacar completamente de tu vida o que la relación se quedará igual. Primero necesitas definir lo que tú deseas, después decidirás lo que vas a hacer al respecto, no te preocupes ahora por eso.

6. Reconoce tus razones más profundas.

Eres una persona sabia y existen razones profundas en lo que eliges. Reconoce el "para qué" del anhelo sabio de tu corazón para que te comprendas a ti misma.

Recuerda que el "para qué" de las relaciones sanas es que te impulsen a la vida, es decir, hacia lo que te beneficia, aquello que es tu mayor potencial. En cambio, las relaciones tóxicas hacen lo contrario y complican tu avance porque te roban la energía que necesitas para lograr tus sueños. Tus respuestas a ésta y a la siguiente pregunta deben estar relacionadas con este concepto, ya que mientras mayor sea tu comprensión en esta etapa del proceso más fácilmente podrás descubrir los pasos que siguen. Toma el tiempo necesario y encuentra los beneficios que obtendrás al seguir los anhelos de tu corazón.

Si al hacerte las siguientes preguntas no te viene una respuesta, probablemente es porque contestaste la pregunta anterior (la número 5) desde la resistencia y la respuesta verdadera, si sigues tu corazón sabio, es la contraria. Entonces deberás ser valiente y cambiarla.

Haz la opción que corresponde.

a. Si en la pregunta 5 contestaste *sí*, hazte la siguiente pregunta: ¿Para qué deseas conservar a esta persona en tu vida?, ¿qué es lo que obtienes de ella que es positivo para ti y que te impulsa hacia la vida?

b. Si en la pregunta 5 contestaste *no*, hazte la siguiente pregunta: ¿Para qué deseas sacar a esta persona de tu vida?, ¿cómo al sacar a esta persona de tu vida serás impulsada de mejor manera para ir hacia la vida?

7. Reconoce qué tan importante es esto para ti.

Del 1 al 10, donde 10 es el máximo, ¿qué tanto te ha afectado positiva o negativamente lo que sucede con esta persona en tu impulso hacia la vida? Esto te ayudará a identificar el efecto que tiene esta relación en tu vida.

Mientras más elevado sea el número que obtengas mayor deberá ser tu compromiso en los siguientes pasos del proceso.

¡Muy bien! Al responder todas estas preguntas has conectado con la sabiduría de tu corazón. Descubrir lo que tú quieres en tu relación con esa persona equivale a establecer los cimientos de una casa. Si son correctos y están bien construidos, tu casa se levantará con éxito. Asegúrate de elegir alineada con tu corazón. ¡Construye tu proceso de transformación con cimientos sólidos!

¿Qué pasa cuando una persona elige conservar una relación que, en vez de ayudarla a avanzar, la atora y la drena? Ella está eligiendo desde el apego y no desde los anhelos de su sabio corazón. "Eso" que cree que está escuchando no es su corazón. Cuando sucede así, lo más probable es que se encuentre enredada en una relación violenta, ya sea porque la otra persona es agresiva o ella es agresiva con ésta o consigo misma al quedarse aferrada a una relación donde la lastiman. La agresión puede manifestarse de muchas maneras, además de física y verbalmente. Devaluar lo que se desea o lo que se es, negar lo que sucede, forzar, manipular, controlar, culpar, mentir, son ejemplos de agresiones, y pueden ser tan sutiles que sean difíciles de identificar o señalar. Las relaciones tormentosas con algún grado de violencia, donde hay pasión y agresión alternadas, generan adicción emocional.

Si reconoces que algo así te está sucediendo te sugiero recibir ayuda de un profesional. En mi página web www.maguiblock.com puedes encontrar a varios facilitadores entrenados para apoyarte. ¡Unas cuantas sesiones individuales orientadas a tu situación específica harán la diferencia!

Mientras tanto elige a otra persona de tu lista de relaciones tóxicas. Esta vez escoge a una persona con la que no estés apegada ni tengas una adicción emocional, para que la puedas soltar si reconoces que la relación te daña más de lo que te beneficia. Podrás conectar con la sabiduría de tu corazón y reconocerás lo que sientes al hacerlo. Esto te ayudará a aprender cómo es cuando sigues tu corazón o tus apegos.

Hay una diferencia importante entre ser guiada por tus apegos emocionales o por la sabiduría de los anhelos del corazón. Tus apegos están sostenidos en ideas fijas, aquello que acostumbras y se parece a los "berrinches", como cuando te enteras u obsesionas con algo o alguien. En cambio, los anhelos se relacionan con un deseo que nace en lo profundo de tu ser e implica un crecimiento personal, un siguiente paso en tu evolución.

Por eso, cuando reconoces un anhelo del corazón y sigues los pasos para satisfacerlo el resultado que obtendrás es que vas a estar mejor. El camino del corazón generalmente es más difícil que el de tus apegos, porque implica dejar ir tu zona conocida. Sin embargo, tus apegos te llevan a quedarte estancada, ya que te dictan metas y sueños que son superficiales, desconectados de tu esencia y de quien eres.

Cuando haces el ejercicio anterior conectando con los anhelos de tu sabio corazón te queda muy claro cómo deseas ser sostenida en tus relaciones para avanzar por la vida y lo que ya no estás dispuesta a tolerar. Por eso es tan importante que lo hagas con calma, tomando el tiempo que necesites para ir profundo. Este libro te está llevando de la mano para que logres transformarte profundamente y que tus relaciones sean maravillosas. De ti depende hacer los ejercicios de exploración a conciencia.

Recuerda que tu trabajo no es cambiar a las otras personas para que te nutran, es reconocer si de ellas puedes recibir algo bueno para ti. Si lo que recibes de alguien te drena más de lo que te nutre, al conectar con la sabiduría de tu corazón te darás cuenta de que necesitas liberarte de ese peso. Mereces avanzar ligera y vital hacia tus sueños.

ANALIZA TUS OPCIONES

Una vez que has escuchado la sabiduría de tu corazón y has defi-
nido si quieres conservar a esa persona en tu vida estás lista para
dar el siguiente gran paso: analizar tus opciones. Hayas decidido
quedarte con ella o no, la relación debe cambiar porque es tóxica.
En esta toxicidad participan ambos: tú y la otra persona.

No tienes que ser alguien tóxico para crear una relación tóxica.
Hay personas que son fantásticas, pero cuando se juntan crean un
caos tremendo. Su energía o carácter es tan fuerte que chocan y
sacan chispas. Sólo tienes que aprender a relacionarte de otra
manera para dejar de crear explosiones.

La buena noticia es que no necesitas que la otra persona cambie o esté de acuerdo contigo. Tú puedes llevar a cabo este proceso
sin la participación del otro, dirigiendo tu vida para llegar a tus
metas sin depender de alguien más. Según tus circunstancias de
vida será tu dificultad para conseguirlo, y esto tiene que ver con
el grado de tu dependencia hacia esa persona. Tienes que reconocer cómo estás poniendo tu bienestar en control del otro. Sólo
si descubres de qué maneras eres dependiente podrás analizar
tus alternativas para salir de la situación en la que te encuentras.

Al guiar varios procesos para liberar relaciones tóxicas he visto
que las personas más enredadas son aquellas que no pueden reconocer cómo dependen de alguien más. El objetivo de este proceso
es ayudarte a que veas cómo participas creando una relación tóxica. Esto sucede al momento en que tú entregas tu poder porque
dependes de esa persona para estar bien. Si lo reconoces podrás
modificarlo fácilmente.

Algunos piensan que la mejor solución es alejarse de esa persona, como si al dejar de convivir con ella o de verla los problemas

desaparecieran. Si lo que deseas es "desaparecer" esa relación, te recomiendo primero aprender tus lecciones, de otra manera repetirás la historia con diferentes personajes. Además existen relaciones que no pueden terminar ni "desaparecer", aunque fuera lo que desearas. Éstas incluyen todas aquellas relaciones que se generan por nacimiento y siguen existiendo aun después de la muerte. La relación con los miembros de tu familia es así. Tus ancestros, padres, hermanos e hijos mantienen ese "estatus" durante toda tu vida. La relación no puede desaparecer. Ellos pueden estar vivos o muertos y seguirán siendo tus familiares.

Tampoco desaparecen los vínculos que te marcaron de manera definitiva y siguen siendo parte de tu vida en el presente. En este rubro pueden estar algunas de tus parejas anteriores si comparten hijos. Tu familia política y la familia biológica de tu pareja (cuñados, yernos, nueras, suegros) también forman parte del grupo de personas a las que no puedes eliminar de tu lista. Podrás evitar verlos, pero seguirán formando parte de tu familia, hagas lo que hagas.

Si tienes una relación tóxica con algún familiar te sugiero que, además de hacer los ejercicios de este libro, leas mi libro *Sana tu familia*, para que conozcas las dinámicas específicas de estas relaciones y las transformes con ejercicios especiales para ellas.

Hay otras personas que te rodean que son parte de tu vida actualmente y que no puedes "desaparecer", por ejemplo, tus vecinos, tus compañeros de trabajo, tu jefe. Para eliminarlas de tu vida tendrías que tomar medidas extremas, como mudarte de casa o cambiar de trabajo. ¡Tal vez valga la pena! Eso es lo que descubrirás en este capítulo al hacer los ejercicios.

Si la relación que estás trabajando es con alguna persona que seguirá siendo parte de tu vida, acéptalo. Luchar para desaparecer a alguien con quien tienes una relación de por vida es rechazar la sabiduría que nos regalan las experiencias. Cuando aceptas la situación tal como es se abre un mundo de posibilidades nuevas para ti. Mientras sigas aferrada a una opción inexistente niegas los caminos que podrías tomar y el crecimiento que podría aportarte. ¡Así funciona esto!

La base para hacer un buen análisis de tu situación es dejar de contarte cuentos fantásticos y aceptar lo que es tal como es. Primero tienes que reconocer todas las maneras en las que en este momento dependes de esa persona para saber de qué tamaño es tu problema. Únicamente puedes desenredarte de una relación cuando eres autosuficiente. Esto es muy confrontante para las personas que culpan al otro por su sufrimiento. Aunque existan razones que te estén manteniendo en una situación de dependencia, ahora cuentas con más recursos que cuando empezaste a leer el libro, ¡aprovéchalos! Atrévete a hacer el ejercicio asumiendo el cien por ciento de tu responsabilidad en la situación, soltando cualquier actitud de víctima y conectándote con más recursos. Sólo podrás empoderarte si te responsabilizas por completo de la parte que estás poniendo en la situación que vives dentro de tu relación.

Tu capacidad para responsabilizarte del papel que has estado jugando en tu relación determinará la cantidad de poder que tengas para lograr los cambios que deseas. Una vez que has descubierto tu participación en los enredos que sufres, la velocidad con la que avances dependerá del compromiso que estés dispuesta a asumir y de los nuevos recursos que adquieras en el futuro. Crecer y disfrutar relaciones sanas tiene un precio. ¿Estás lista para descubrirlo?

¿Cómo analizas tus opciones?

1. Deja que "tu mejor versión" dirija tu proceso.
   - Imagina que te clonas y tu clon se transforma en una persona sabia, centrada, madura y ecuánime. Ahora hay dos "tú", una tal como eres ahora y otra que es "tu mejor versión".
   - "Tu mejor versión" será la que conteste las siguientes preguntas. Anota tus respuestas, tratando de obtener la mayor información posible.
2. Reconoce tu dependencia.

   OJO: Muchos contestan en automático que no son dependientes, pero si esto fuera cierto no estarían enredados en una relación tóxica. Descubrir cómo le entregas tu poder a esa persona te llevará a recuperarlo de inmediato, así que pon atención y reconoce cómo sucede.
   - ¿Dependes de esa persona económicamente? Identifica con claridad cómo lo haces y, si éste es el caso, reconoce la cantidad de dinero que recibes en esta relación, para saber qué tan esencial es en la satisfacción de tus necesidades.
   - ¿Dependes de esa persona emocionalmente? Esto es evidente cuando tu bienestar emocional depende de la relación. Lo notas porque si no estás con ella te hundes en lo emocional. También lo reconoces cuando hay un conflicto y piensas en eso demasiado tiempo, sin poder enfocarte en tus actividades.
   - ¿Dependes físicamente de esa persona? Esto se refiere a cuestiones prácticas, como hacer la compra, ir al médico, hacer trámites, pagar cuentas, cocinar, llevar una

casa y lo que se requiere para vivir. Hay personas que, aunque son adultas, no pueden hacerlo por sí mismas. También es posible que exista una limitación por nacimiento, enfermedad o accidente y se requiera de una atención física especial, que genera una dependencia.

- ¿De qué maneras tu bienestar depende de esa persona?

3. Sueña con una nueva posibilidad.
   - ¿Cómo sería la relación "perfecta", aquella que realmente deseas tener?
   - ¿Cómo sería tu vida y cómo estarías tú si estuvieras libre de esas dependencias, fueras una persona autosuficiente y pudieras vivir como deseas?
   - ¿Cómo sería tu relación y cómo estarías tú si esa persona dejara de afectarte negativamente?
   - ¿Qué cambiaría para ti si los problemas con esa persona dejaran de existir?

4. Reconoce tus áreas de oportunidad y empodérate.
   - ¿Qué tendría que cambiar en ti para que vivieras la relación de tus sueños?
   - ¿Qué tendría que cambiar en ti para que lo que sucede con esa persona dejara de afectarte negativamente?
   - ¿Qué tendrías que hacer diferente si dejaras de recibir lo que estás acostumbrada a obtener de esa persona (dinero, apoyo emocional, pasión, sentido de vida, etcétera)?
   - ¿Qué tendría que cambiar en ti para que tú fueras autosuficiente y dejaras de depender de esa persona?
   - ¿Cómo tendrías que dejar de ser y qué tendrías que dejar de hacer para lograr independizarte de esa persona?
   - ¿Cómo tendrías que ser tú ahora para ser autosuficiente?

- ¿Qué tendrías que hacer tú ahora para ser autosuficiente?

5. Revisa tu nivel de compromiso.

   - ¿Estás dispuesta a realizar el trabajo que se requiere para ser autosuficiente e independiente?
   - De todo lo que identificaste en la pregunta anterior, ¿cuáles cambios estás dispuesta a realizar?
   - ¿Cuáles son los cambios que, aunque sabes que son necesarios para lograr tu independencia, no estás dispuesta a realizar?

6. Reconoce las posibles consecuencias.

   - ¿Cuáles te imaginas que serán las consecuencias de los cambios que pretendes realizar?
   - ¿Cuáles serán las consecuencias de no realizar los cambios que se necesitan y no deseas realizar?

7. Descubre las soluciones.

   - ¿Qué necesitas aprender, desarrollar u obtener para realizar los cambios que estás dispuesta a realizar ahora?
   - ¿Cómo, de dónde o de quién puedes obtener estos aprendizajes y recursos?
   - ¿Cómo puedes resolver aquellos aspectos que todavía no estás dispuesta a cambiar y sus consecuencias?

¡Guau! Has llegado hasta aquí porque eres muy valiente, te felicito. Tu deseo de liberarte es fuerte y te motiva. Reconocer los cambios que necesitas hacer, responsabilizarte, comprometerte y buscar el apoyo que requieres en las áreas específicas donde eres débil es clave para avanzar.

ELIGE EL CAMINO Y AVANZA

No necesitas saberlo todo, pero si quieres alcanzar tu meta tienes que movilizarte en esa dirección, dando los pasos que formarán tu camino de vida. Lo bueno es que para cada meta hay varios caminos, y si no te gusta alguno puedes escoger otro. Hay personas que se pierden en el proceso de planear y elegir el camino correcto, creyendo que sólo hay uno que funciona. Lo importante es que escojas sólo un paso, el primero, aquel que te lleve en la dirección adecuada, y avances con decisión.

Si te la pasas dudando entre un camino y otro, probando caminar por uno y luego por otro, saltando entre varios, dispersas tu energía y tu atención, pierdes impulso, te confundes y te quedas estancada. Por desgracia, muchas personas lo hacen así. Tienes que escoger un camino, sólo uno, concentrarte en él y dar cada paso enfocada en tu meta.

¿Cómo encuentras el mejor camino para ti? Un camino se construye de muchos pasos en la misma dirección. Tú creas tu propio camino al caminarlo, dando los pasos en la dirección que deseas ir, orientada hacia tu meta. Un paso te lleva al siguiente, y así sucesivamente, siempre y cuando mantengas tu orientación hacia la meta.

Una vez que has elegido el paso concreto que darás, ponte en movimiento realizando las acciones específicas sin distraerte. Evita pensar en cómo estarías si hubieras elegido dar otro paso. Simplemente concéntrate en el que estás, dando lo mejor de ti, y sigue avanzando.

En todos los caminos hay subidas y bajadas. Es normal sentir miedo y cansancio cuando atraviesas obstáculos. Si cuando tu camino se vuelve escabroso quieres desistir y saltar hacia otro, dejarás de avanzar porque en todos los caminos hay momentos complicados.

Tienes que aprender a distinguir si lo que enfrentas es porque te has equivocado al elegir alguno de los pasos de tu camino o si es parte de los retos que tienes que resolver. La clave para descubrirlo es muy sencilla, sólo tienes que reconocer si estás yendo en dirección hacia tu meta y hacia la vida, es decir, hacia aquello que te lleva a convertirte en el mejor ser humano que puedes ser.

Como un camino se forma de muchos pasos, puedes modificar alguno cuando no es de vital importancia porque son momentos en los que existe cierta flexibilidad. Sin embargo, hay pasos que son esenciales, que no podrás saltarte y que tienes que dar en el momento oportuno. Es como cuando vas manejando en carretera y tienes que tomar alguna de las salidas para llegar a donde quieres. Si te distraes y pierdes la última salida, tendrás que regresar sobre tus pasos.

En una carretera generalmente hay muchas salidas para ir hacia donde quieres, sólo tienes que tomar alguna y no quedarte atascada yendo en la dirección que no deseas porque te da miedo salirte del camino conocido. El riesgo de equivocarte existe y el miedo a veces es tan fuerte que te paraliza. Muchas personas posponen dar el paso que necesitan y se la pasan circulando por la misma carretera, sintiéndose seguras y en control, pensando que tienen todo el tiempo del mundo para hacerlo hasta que sientan ganas o la fuerza suficiente. No se dan cuenta de la valiosa energía que desperdician ni las oportunidades de vida que se les van.

Es probable que a lo largo de tu vida haya muchas posibles "salidas" o soluciones para sanar una relación. ¡Tienes que tomar alguna! Al esperar te arriesgas a perder la última oportunidad y puede ser que la otra persona ya no esté disponible. Si has estado procrastinando, despierta y reconoce lo que has perdido. Tengo consultantes que apenas están reconociendo que:

- No van a tener hijos biológicos porque han perdido su fertilidad.
- No podrán tener una plática profunda con su padre o madre fallecidos.
- Su pareja ya no los ama.
- Su hijo no los incluye en su vida.
- Su abuelo los desheredó.
- Su jefe no les dará el puesto que desean.

Entonces van a terapia tratando de recuperar lo que ya no tiene solución. Ahora lo que pueden hacer es aceptar la pérdida, llorarla y dejar de repetir la misma triste historia. Por desgracia algunos no desean aceptarlo y viven el resto de sus días luchando por revivir una relación que ha muerto.

Las relaciones son como las plantas, hay que regarlas cuando lo necesitan. Si una planta se seca ya no tiene caso regarla. Una planta que está muerta hasta la raíz no va a revivir. ¡Suéltala!

Una relación está viva por la voluntad de las personas involucradas. Respetar la decisión de las otras personas es la base para tener una relación sana. Si no aprovechaste la oportunidad que te dieron en su momento, ten la humildad y la conciencia de aceptar las consecuencias de tus elecciones y acciones, crece y hazlo mejor la siguiente ocasión. Si cambias de actitud, el amor llegará a tu puerta otra vez y la vida te dará una nueva oportunidad. Tienes que abrirte a crear una nueva historia y esto sólo es posible si reconoces lo que has perdido y dejas ir la meta anterior.

Si estableces una meta imposible y te aferras a un resultado improbable para que alguien que ya no quiere estar contigo vuelva a tu vida, este proceso no te va a funcionar. Tienes que establecer la meta que deseas, con pasos que dependen únicamente de ti y no de otras personas, dejando el resultado en manos de algo mayor. Por ejemplo, si una madre lastimó a su hijo y él ya no quiere incluirla en su vida, su meta podría ser: "Soy perdonada por los errores cometidos con mi hijo". El primer paso podría estar relacionado con corregir algo que la hizo cometer esos errores. Si ella fue violenta durante la infancia de su hijo, puede enfocarse en trabajar lo que queda de esa violencia. Tal vez ya no la dirige hacia otras personas, pero tiene conductas dañinas hacia ella misma como comer de más y morderse las uñas. Enfocarse y corregir esto con pasos concretos la llevará a lograr su meta.

Sólo puedes elegir el camino correcto reconociendo el paso que deseas dar, orientada en la dirección de tu meta. Puedes escoger entre varios pasos, y hay pasos que pueden ir cambiando. La clave está en la orientación y ésa te la da la meta. Tu meta es tu "estrella del norte". Si quieres abarcar muchas metas crearás varios caminos y te dispersarás. El que mucho abarca poco avanza.

Establece tu meta, *sólo una*, la que deseas más, y oriéntate en esa dirección. Si cambias de meta tendrás que iniciar de nuevo tu camino. Por eso toma el tiempo que necesitas para elegir tu meta, sin querer abarcar varias cosas a la vez. Enfócate en lo más importante, aquello que marca una diferencia para ti en tu relación con esa persona.

Si has avanzado por tu camino y te das cuenta de que has equivocado tu meta detente y vuelve a empezar. Sólo que reconoce que así no estás progresando.

Sé concreta en lo que deseas lograr, sin aferrarte al resultado. Después toma el tiempo que necesitas para elegir el primer paso que darás, aquel que te acerca hacia la meta, y avanza. Pon tu atención en la acción concreta que realizarás en dirección a tu meta. Cuando lo haces de esta manera ¡la vida te recompensa!

Revisa tus alternativas siendo realista y optimista, manteniendo tus pies firmes y centrados en la tierra. Tiene que existir congruencia entre lo que quieres obtener, el esfuerzo que vas a poner y lo que estás dispuesta a dejar ir para lograrlo. En cada posible paso reconoce las ventajas y las desventajas, valorando lo que es más importante para ti.

Por ejemplo, si ya no aguantas a tu pareja y es quien te mantiene, reconoce que es probable que al dejar la relación también dejarás de ser mantenida y deberás buscar maneras nuevas de recibir dinero.

Cuando terminas una relación tienes que estar dispuesta a dejar ir lo que te gusta de esa persona, y eso a veces implica perder situaciones cómodas. Muchas personas quieren que el otro cambie y se la pasan luchando con eso porque se rehúsan a perder lo bueno que reciben de él. La posibilidad de trabajar en ellas mismas para lograr recibir lo que desean de otra manera les parece demasiado esfuerzo.

Conozco personas que han preferido quedarse en relaciones tóxicas a cambio de una situación económicamente abundante. Sólo tú puedes elegir si vale la pena. Es muy diferente quedarte en una situación tóxica porque asumes que no quieres pagar el precio de salir de tu zona de confort, a quedarte así pensando que no tienes alternativas. Si lo asumes, dejarás de verte a ti misma como una víctima. Vivirás la situación reconociendo tu poder de elegir lo que deseas.

Así que escoge tu meta, tu siguiente paso y avanza, siendo consciente del precio que pagas para lograr tus sueños.

¿Cómo elegir tu camino y avanzar?

1. Prepárate.

   "Tu mejor versión" sigue a cargo de tu proceso, dictando las respuestas correctas, formando un equipo perfecto entre tu cabeza y tu corazón.

2. Define tu meta en relación con esta persona.

   ¿Qué deseas lograr para esta relación? Es importante que te enfoques en una sola meta, lo que sea esencial para ti en este momento. Una vez que la hayas conseguido podrás elegir otro objetivo y trabajar en él.

   Te doy algunos ejemplos:

   - Termino esta relación y me siento en paz.
   - Dejo de sufrir violencia en esta relación.
   - Soy respetada por mi "_____" (hijo, amiga, pareja, madre, hermano, jefe o quien tú quieras).
   - Disfruto una relación de igualdad con mi pareja.
   - Soy escuchada, valorada y reconocida por "_____".
   - Recibo el aprecio y el amor de mi "_____".
   - Lo que yo quiero es importante en mi relación con "_____".
   - Ocupo mi lugar en la familia y soy tratada con amabilidad por mi "_____".

   Define tu meta ocupando tu lugar de poder y de jerarquía dentro de la relación, poniendo la atención en lo que tú logras. Toma la dirección de tu vida para ir hacia lo que deseas. Puedes notar que las metas de los ejemplos están redactadas en presente y en primera persona. Procura escribir tu meta de esta manera para empoderarte.

Escoge sólo una meta y hazla específica para que puedas reconocer cuando la has logrado.

3. Planea tu camino.

Haz una lista de los "primeros pasos" que puedes dar para lograr tu meta.

Para encontrar las alternativas que tienes considera todo lo que has descubierto hasta ahora: tus anhelos, tus sueños, lo que tienes que cambiar para lograrlo, lo que estás dispuesta a realizar, lo que te hace falta para lograrlo.

Reconoce si estás evitando añadir a tu lista algún paso que es necesario para lograr tu meta y reconsidera tu decisión. ¡Te guste o no, tienes que incluir los pasos que son necesarios!

Nota: Recuerda que si te atoras puedes ir a los casos de la vida real del final del capítulo para darte ideas.

4. Identifica tu primer paso.

- De la lista que hiciste, elige los pasos que te llevan a tu meta y estás dispuesta a realizar, desechando los demás.
- Lee la lista, conecta con tu cuerpo, tu corazón y tu cabeza, escuchando tu sabiduría.
- Elige el primer paso que darás en dirección a tu meta.
- Añade los detalles que debes incluir en este paso.

Nota: Recuerda que si te atoras puedes ir a los casos de la vida real del final del capítulo para darte ideas.

5. Ponte en acción.

Tu compromiso se nota en tus acciones. Lleva a cabo las tareas concretas que necesitas realizar para completar el primer paso.

6. Evalúa y corrige el rumbo.

Autoevalúa tu desempeño, observa tu comportamiento objetivamente, centrando la atención en lo que estás haciendo, sin enredarte en las dinámicas del pasado. Eres una nueva persona y lo demuestras con acciones diferentes.

Revisa los resultados que estás teniendo y pregúntate si hay algo que puedes mejorar. Haz las modificaciones que te beneficien.

7. Avanza, transfórmate y libérate.

Avanza con pasos firmes, transformándote con amor, liberándote de la relación tóxica. Elige el siguiente paso que darás y hazlo totalmente concentrada, manteniendo la orientación hacia tu meta, comprometida con tu crecimiento personal. El éxito depende cien por ciento de ti misma.

Conocer las experiencias de otras personas puede ayudarte a ver tu situación con una nueva mirada. ¡Espero que te sirvan y amplíen tu visión!

CASOS DE LA VIDA REAL

Con estos ejemplos entenderás cómo funciona el proceso de tres pasos. Puedes observar que cada ser humano es único, explica de manera diferente sus problemas y llega a su solución individual para liberarse de la relación tóxica, en algunos casos alejándose de esa persona y en otros transformándose, modificando sus actitudes y acciones, sanando así la relación.

Madre e hijo

Rosita está muy preocupada por su hijo, Patricio. Tenían una relación muy linda, hasta que Patricio cumplió 15 años y se llenó de barros en la cara y de mal humor. Todos los días pelean porque Rosita lo persigue para que haga "lo que debe", como sentarse a comer, convivir con la familia, ser amable y hacer la tarea. A Patricio lo único que le interesa es jugar videojuegos encerrado en su habitación y gruñe y discute ante cada solicitud de su madre.

Rosita hace el proceso de tres pasos para terminar la relación tóxica que tiene con su hijo.

1. Rosita escucha a su sabio corazón

Querido hijo:
Contigo me siento nerviosa, enojada y desesperada. Me frustra verte encapsulado y sólo queriendo jugar videojuegos. Mi obligación es protegerte de las malas influencias, aunque te enojes conmigo. Me da miedo que nos alejemos por tonterías. Me siento culpable por haber escogido a ese padre para tenerte. Me preocupa que te parezcas tanto a él. ¡Te hubiera dado otros genes!

Me gustaría recibir de ti tu respeto y tu amor. Quisiera que tuvieras la conciencia de lo que te hace bien y mal. Me falta que nos pongamos en el mismo canal y que haya entendimiento entre los dos. Me gustaría que cambies tu manera de manejar el enojo para que lo uses positivamente. Deseo que reacciones y reconozcas tus problemas. Me gusta lo mucho que nos queremos. No me gusta que estemos peleando y que nos agredamos. Lo que valoro de nuestra relación es la confianza que nos tenemos. Lo que necesito de ti es que despiertes, que te comuniques conmigo, que resuelvas lo que te sucede, sin volcarte en los videojuegos. Lo que me daña de nuestra relación son las peleas que tenemos y que no están sirviendo para hacerte reaccionar.

Lo que deseo hacer es ayudarte a volar a tu vida de adulto con todas las herramientas que necesitas para estar bien.

Tú eres mi hijo y eres lo más importante para mí. Deseo conservar la relación contigo y mejorarla cada día más, esto me hace sentir motivada a seguir viviendo y esforzarme en darte lo mejor.

2. Rosita analiza sus opciones

Rosita no cree tener dependencias. Piensa que su hijo es el que depende de ella y tiene la obligación de sacarlo adelante.

Sin embargo, en una relación tóxica existe algún tipo de dependencia y Rosita necesita reconocerla para transformar la dinámica con Patricio. Platico con ella para apoyarla a ir más profundo y se da cuenta de que le afecta mucho ver deprimido o malhumorado a su hijo. Muchas peleas surgen porque no tolera verlo mal. Le explico que su hijo está en el proceso de convertirse en un hombre y necesita descubrir por sí mismo qué tipo de persona quiere ser. Las madres, aunque adoren a sus hijos, no pueden decidir esto por ellos. Si Rosita no tolera que su hijo esté enojado y quiere verlo siempre feliz, él no podrá descubrir cómo quiere ser.

Después de la sesión Rosita puede analizar sus opciones con claridad y éste es el resultado:

Reconozco que tengo una dependencia emocional y que me siento muy mal cuando no veo feliz a mi hijo Patricio. Necesito verlo encarrilado, positivo y amoroso. Sólo si lo veo así, creo que lo estoy haciendo bien como mamá. Si lo veo enojado o deprimido, creo que lo estoy haciendo mal y estoy fallando en mi rol de madre.

Mi bienestar emocional y mi valor como madre dependen de cómo está mi hijo.

Me doy cuenta de que debo de dejarlo ser con mayor libertad, confiando en que le he dado buenas bases para que salga adelante. También debo dejarlo asumir las consecuencias de sus acciones. Si sigo queriendo ahorrarle los golpes de la vida, no le permitiré aprender lo que sucede cuando no hace las cosas bien.

Si yo dejara de poner mi valor como madre en mi hijo Patricio y dejara de controlarlo tanto, viviría más relajada, sería feliz independientemente de cómo está él. Podría estar menos alerta y sin tantas preocupaciones.

Entonces mi relación con él sería amorosa y de mutuo respeto porque ya no lucharíamos.

Lo que yo tendría que cambiar en la relación con mi hijo Patricio es dejar de pelear con él y tratarlo como un adulto responsable y capaz, que puede dirigir algunos aspectos de su vida, asumir las consecuencias de sus actos y reparar sus errores. Mis reglas tendrían que ser más lógicas, sólo poner aquellas que puedo manejar y controlar sin estresarme.

Lo que tendría que cambiar en mí es que dejara de centrar mi atención en mi hijo y en sus estados de ánimo. Respetar si no quiere comer o está de malas.

Lo que tendría que hacer es revisar las reglas que he puesto y cambiarlas para que sean lógicas y fáciles de aplicar. Dejar de ser la bruja que lo persigue y dejar de poner reglas tan estrictas sobre lo que puede hacer resolvería la situación.

Lo que yo tendría que ser es una persona que está segura de las medidas que toma y tomar mis decisiones sin dudar de mí. Mi valía personal y como mamá tendría que ser independiente de mi hijo, de lo que él hace y de cómo se siente.

Estoy muy comprometida con hacer todo esto y en convertirme en esa madre. Creo que al darme cuenta de todo esto lo podré resolver por mí misma.

3. Rosita elige su camino y avanza

Mi meta es tener una excelente relación con mi hijo y apoyarlo para ir hacia la vida con éxito.

Mi primer paso es que hoy a la hora de la comida le voy a proponer que hagamos juntos las reglas de la casa. Voy a dejarlo participar como una persona responsable en crear la armonía del hogar. También lo voy a dejar participar en la planeación de las consecuencias. Si lo hacemos juntos va a ser más justo. De ahora en adelante cambiaré la percepción que tengo de mi hijo y reconoceré que ya no es un niño pequeño.

Conclusión: Después de tan sólo un par de semanas la relación de Rosita y su hijo ha dejado de ser tóxica. Ahora pueden platicar de lo que les molesta sin que haya guerras en casa.

Gerardo y su cuñada Magdalena

Gerardo vive con Dulce, su esposa, y sus hijas pequeñas, en una urbanización que pertenece a su esposa y su cuñada. Magdalena, hermana de la esposa, también vive en la urbanización y es la administradora, se encarga de recibir las rentas de los inquilinos, hacer las reparaciones y de repartir los ingresos.

Gerardo puso de su dinero para que Magdalena y Dulce legalizaran la propiedad, repararan las instalaciones y pudieran alquilar los departamentos. La relación con su cuñada es tensa y los conflictos son constantes.

1. Gerardo escucha a su sabio corazón

Magdalena:

Me siento frustrado y enojado porque intervienes en mis metas a corto plazo. Me siento obligado a comprometer mis recursos en prioridades que no son mías. Lo que más miedo me da es generar un conflicto en el que mi esposa Dulce quede en medio de los dos. Me siento culpable porque tus demandas y decisiones arbitrarias no son ilógicas, pero no respetan mis deseos ni mis planes. Lo que me gustaría recibir de ti es respeto. Me falta ser escuchado y reconocido. Me gustaría que dejaras de creer que eres la única que puede tomar decisiones. Deseo que tengamos igualdad y un debate que no implique discusiones en las que yo tenga que ceder siempre.

Me gustaría mejorar nuestra relación por el bien común de la familia. Lo que me gusta de ti es que quieres mejorar nuestras condiciones de vida. Lo que no me gusta es que mis ideas sean ignoradas y que se comprometa el dinero en gastos que no son urgentes cuando hay cosas más importantes para mí, como la salud de mi esposa. Valoro de nuestra relación que los dos amamos a Dulce y a las niñas.

Necesito que respetes mis prioridades y las tomes en cuenta. Me daña ser ignorado y apartado de la toma de decisiones.

Con ese ejercicio, Gerardo tomó conciencia de un aspecto importante de su pasado.

Estoy repitiendo la dinámica que tenía con mis hermanas y cuando me enfado quiero hacer con Magdalena lo mismo que hice con ellas, distanciarme emocionalmente y sacarla de mi vida tal como hice con ellas hace casi 30 años. Sin embargo, ahora que lo reflexiono me doy cuenta de que esta vez deseo hacerlo mejor. Prefiero conservar la relación con mi cuñada y sanarla.

Puedo comprender sus motivaciones y entender que sus deseos no son incompatibles con mi proyecto de vida a largo plazo. Magdalena es una persona que resuelve y toma acciones, no sólo habla. Compartimos una visión del mundo similar. Deseamos lo mejor para nuestros seres queridos en común. Podríamos construir algo bueno juntos.

Del 1 al 10, le doy un 7 de importancia a sanar esta relación.

2. Gerardo analiza sus opciones

Dependo de mi cuñada para algunas cosas prácticas de mi vida cotidiana, como compartir el auto, las decisiones acerca del lugar donde vivimos y lo que se hará con los ingresos de la renta. Magdalena se encarga de conseguir, contratar y supervisar a empleados y obreros cuando hay una necesidad de reparación/mantenimiento en la propiedad. Además cuida ocasionalmente a las niñas por unas horas en las que puedo estar a solas con mi esposa.

Mi relación ideal sería que llegáramos a acuerdos que mejoraran mi calidad de vida y pudiera disfrutar más de mi familia.

Si logro mejorar mi relación con ella estaría más tranquilo, con menos tareas diarias y con más tiempo para escribir mi novela, leer, jugar con mis hijas y compartir con mi esposa.

Si mejoro mi relación con Magdalena y hacemos acuerdos ganar-ganar, tendría tranquilidad, paz y armonía familiar.

Lo que tengo que mejorar es mi capacidad para llegar a acuerdos justos y equilibrados. Debo dejar de engancharme emocionalmente y enojarme por las acciones pasadas, enfocarme en mi responsabilidad y no iniciar negociaciones desde los ciclos de perpetrador/víctima, sino con un dar y tomar equilibrado.

Si estoy más atento a mi entorno puedo buscar yo las soluciones.

Reconozco que también he estado cómodo criticando lo que hace, sin hacerme cargo. Tengo que estar más en el aquí y ahora. Asumir mis responsabilidades y dejar de apoyarme en supuestas comodidades que generan compromisos velados y dependencia.

Para ser autosuficiente podría coordinar mejor las actividades y planeación con mi esposa. Asumir las tareas y responsabilidades que he delegado o dejado de asumir.

Estoy dispuesto a llevar a cabo todo esto, aunque implica más trabajo.

Lo que necesito es tener una red de contactos locales confiables para poder ubicar y realizar las tareas de emergencia y de mantenimiento de la propiedad. Les puedo preguntar a familiares y conocidos de mi esposa que han contratado esos servicios y tienen referencias de obreros confiables.

3. Gerardo elige su camino y avanza

Mi meta es tener una relación equilibrada con Magdalena en la que ambos estemos satisfechos con los acuerdos.

Mi primer paso es hacer una lista de obreros y trabajadores que puedan reparar lo que surja. También estar alerta de las mejoras que hay que hacer en la urbanización y proponer soluciones inteligentes, demostrando que soy una ayuda, que me intereso por su propiedad, para que todo esté mejor.

Mostrar mis puntos de vista con tranquilidad brindando opciones y cuando no esté de acuerdo con Magdalena tener la fortaleza de sostenerme en lo que es importante, sin terquedad y sin debilidad. Encontrar otra opción que sea ganar-ganar. Aprender a negociar diferente.

Conclusión: Los cambios de Gerardo fueron evidentes para Dulce y Magdalena. Al tomar su poder, asumió un rol de fortaleza masculina que brindó dirección, seguridad y armonía en la familia.

Noemí y su suegra Rebeca

Noemí está fastidiada de los chismes que arma su suegra y no sabe cómo enfrentarlos sin tener problemas con su esposo. Hace el proceso de tres pasos para buscar una solución.

1. Noemí escucha a su sabio corazón

Rebeca:
Contigo me siento tensa, desconfiada, a la defensiva y criticada. Siento que en cualquier momento puedes hacer algo con la intención de hacerme quedar mal y sé que no puedo confiar en ti. Me siento obligada a aceptar que domines cada una de mis decisiones y las haga a tu parecer. Lo que me da más miedo es que perjudiques la relación con mi esposo, haciéndonos caer en conflictos y malentendidos. Me siento culpable por alejarme de ti y evitarte para prevenir cualquier conflicto, pero es la única solución que encuentro.

Lo que me gustaría recibir de ti es honestidad, respeto a mi lugar de esposa de tu hijo y a mi persona. Me falta sentir confianza y paz. Me gustaría cambiar de ti que buscas generar conflicto y sembrar cizaña por venganza o satisfacción personal. No me gusta cómo eres.

Lo que me gusta y me nutre de nuestra relación es escuchar de tu experiencia y los buenos gestos que tienes en ocasiones. Lo que no me gusta de nuestra relación es la hipocresía, el chisme, la contienda y la victimización. Lo que valoro de nuestra relación son los buenos consejos cuando respetas mi decisión personal. Lo que necesito de ti es honestidad, respeto, cariño transparente. Lo que me daña de nuestra relación son las malas intenciones de tu parte y cómo con tu victimización obtienes lo que deseas. Lo que deseo hacer con nuestra relación es mantenerla lejos para evitar escenarios conflictivos y dañinos.

Al hacer este ejercicio Noemí descubre que había cosas que disfrutaba de la relación con su suegra, pero que fueron dañadas por la desconfianza y ahora se ha alejado y se siente tensa cada vez que está cerca.

Para mantener una buena relación familiar y disfrutar de armonía con su esposo tiene que sanar la relación con su suegra. Además sabe que sólo así sus hijos no repetirán sus historias negativas y podrán recibir su energía de vida. Es muy importante sanar esto y le asigna un 8.

2. Noemí analiza sus opciones

Noemí reconoce que su armonía familiar depende de la relación con su suegra.

Mi relación perfecta se basa en la confianza y el respeto. Es una relación donde podemos disfrutar tiempo juntas, sin sentir que hay una mala intención escondida.

Si mi armonía familiar no dependiera de mi suegra yo estaría tranquila.

No sé qué cambiar en mí porque ya traté de llevar una buena relación con ella, pero siempre descubría una mala acción, por ejemplo, una mentira, un comentario hecho a mis espaldas con intenciones de perjudicar mi relación con mi esposo. Sinceramente no sé qué tendría que hacer para que esto pueda mejorar.

Creo que yo tendría que cambiar para que dejara de afectarme negativamente lo que ella hace. Tengo que aprender a incluir a mi suegra sin dejar que me causen daño sus mentiras o chismes. Limitar la interacción, reconociendo cómo es y al mismo tiempo aceptando que es mi familia.

Si no lo hago, tendré una mala relación con ella y mi descendencia sufrirá las consecuencias.

Por eso tengo que aprender cómo enfrentar la situación y puedo ayudarme del libro Sana tu familia *y del taller en línea* Supera los conflictos familiares *de Magui Block.*

3. Noemí elige su camino y avanza

Mi meta es mantener la armonía familiar con mi esposo e hijos, independientemente de cómo sea mi suegra.

Mi primer paso es aceptar cómo es mi suegra y renunciar a tener una relación de confianza con ella, aprendiendo a convivir con una persona como ella de manera superficial, sin alejarme ni mostrando mi intimidad, simplemente siendo quien soy, estando tranquila y disfrutando de la familia, aun con ella presente.

Conclusión: Los cambios de Noemí la hacen sentir muy bien. Ahora puede estar con su suegra sintiéndose tranquila.

Rogelio y su pareja Ana

Rogelio vive atormentado tratando de llevarse bien con Ana, complacerla y tener una relación de cariño, amor y comprensión. Las peleas son constantes, hay celos y reclamos. Los dos se sienten resentidos y dolidos. Rogelio hace el proceso de tres pasos para saber si su relación con Ana tiene solución o mejor la termina por la paz.

1. Rogelio escucha a su sabio corazón

Ana:

Me siento inseguro a tu lado. Me siento obligado a mantenerte con cosas que te gustan. Lo que me da más miedo en la relación es que te vayas, así que trato de complacerte en todo, luego me siento culpable porque te dedico el cien por ciento de mi tiempo y dinero, sin dejar algo para mí.

Me gustaría recibir tu comprensión y empatía, que hubiera estabilidad. Me falta confianza y seguridad en la relación. Me gustaría que cambiaras tu actitud, que dejaras de suponer cosas y atacarme.

Me gustan y nutren tus detalles y valoro lo que nos queremos. Sin embargo, tu forma de pensar, tus historias negativas y las peleas tan recurrentes me llevan a desear separarme de ti.

Rogelio se da cuenta al hacer este ejercicio de que ya no desea estar más con Ana, lo ha intentado y está muy cansado. Ha dejado de tener interés en la relación y prefiere enfocarse en terminarla.

2. Rogelio analiza sus opciones

Reconozco que estaba muy apegado a Ana, pero cada vez menos, y estoy dispuesto a soltarla por completo. Mi relación perfecta es algo recíproco y en la que se aprende a respetar espacios. Con una relación de pareja así yo estaría mucho más tranquilo y enfocado en asuntos que me van a producir un mejor resultado. Sería más responsable y consciente de las cosas que doy y hago.

Tengo que cambiar mi manera de intentar controlar todo. Aprender que no es mi obligación darle a mi pareja todo lo que desea. Cuando mi pareja me pida algo, yo debo preguntarme qué quiero antes de aceptar. Con Ana me comporté como un títere. Tengo que hacer las cosas por mí.

También tengo que ser más consciente, responsable y tener iniciativa para avanzar por mí mismo.

A mi pareja la tengo que tratar con respeto, como una adulta independiente. Dejar de ser radical, pensando que mi manera es mejor, queriendo controlar y manipular a mi conveniencia. Cuando yo le daba lo que ella pedía, a cambio esperaba que ella fuera como yo quería, y esto nos metía en una guerra. Así como yo me voy a preguntar a mí mismo qué deseo, debería de permitir que mi pareja tenga la libertad de elegir qué desea.

Estoy dispuesto a trabajar en mí mismo para lograr todo esto, ser seguro de mí mismo, aprender a controlar mis emociones y abrirme más a las ideas de otros. No hacer estos cambios me generaría mucha frustración.

3. Rogelio elige su camino y avanza

Mi meta es terminar mi relación con Ana y abrirme a una relación de pareja saludable en la que me sienta muy feliz.

Mi primer paso es cortar con Ana sin reclamos ni manipulaciones. Si ella los hace, escucharla tranquilo el tiempo que yo desee y luego dejar de platicar con ella. Separar nuestras cosas para que deje de ser necesario tener contacto.

Los siguientes pasos serán orientados a mejorar mi seguridad y mi manejo de emociones tomando talleres con Magui Block.

Conclusión: Rogelio cortó su relación con Ana y está haciendo un tiempo de soledad y trabajo personal para mejorar aquellos aspectos que son necesarios para crear una nueva relación de pareja con una dinámica sana.

Elisa y Edith, socias y amigas

Elisa y Edith son amigas y comparten un negocio de banquetes. Elisa es muy buena para las relaciones sociales y Edith es hábil ejecutando. Cuando empezaron el negocio la carga de trabajo se nivelaba, Elisa traía clientes y Edith les daba el servicio. Sin embargo, ahora ya tienen una lista abundante de clientes y cada día llegan nuevos por recomendación. Edith hace todo el trabajo, desde brindar la atención hasta coordinar el servicio. Cuando Elisa va a la oficina distrae al personal de sus funciones y alarga las sesiones con los clientes porque se dedica a socializar. Esto enfurece a Edith, ya que desea sacar el trabajo de manera eficiente. Elisa no sólo no aporta algo positivo, además está complicando el trabajo. Su presencia en el negocio es una carga y no deja que crezcan como empresa.

Edith hace el proceso para saber cómo resolver el problema con Elisa, pues no quiere perder el negocio ni la amistad.

1. Edith escucha a su sabio corazón

Elisa:

Me siento contrariada. Siento que te aprovechas de la situación y ya te gustó que yo haga todo el trabajo mientras tú te diviertes. Me siento culpable porque realmente no veo que tengas la capacidad para hacer más cosas. Me gustaría recibir de ti comprensión y apoyo. Quisiera que tuvieras el interés de aprender a hacer lo que ahora se necesita para que el negocio crezca. Me siento obligada a ayudarte porque gracias a ti tenemos el negocio. Me da miedo decirte lo que pienso y hacerte sentir mal y que se pierda la amistad y el negocio. Me gustaría cambiar tu manera de ser en la oficina. Me gusta que eres leal y divertida. Valoro todo lo que has hecho por mí. No me gusta que seas tan egocéntrica y que sólo quieras platicar, cuando tenemos mucho que hacer. Necesito que te responsabilices porque nos está dañando tu falta de dedicación. Ya no me gusta que vayas a la oficina, pero tampoco se me hace justo dividir los ingresos al 50% cuando yo soy la que saco el trabajo al 100 por ciento.

Al escuchar su corazón, Edith se da cuenta de lo molesta que se siente. Desea conservar la relación y es necesario hacer un ajuste en el trabajo y en la distribución de ingresos para que sea más justa. Si no habla pronto, va a estallar o la relación irá empeorando.

2. Edith analiza sus opciones

Me doy cuenta de que, aunque he creído que soy independiente de Elisa, no estoy pudiendo trabajar libremente, me importa mucho lo que ella piensa de mí y no quiero lastimarla. Eso me ha llevado a ocultarle lo que no me gusta y lo injusto que me parece que cuente como trabajo socializar con los clientes. Me molesta mucho que ella crea que nos contratan porque son sus amigos y no porque lo que hacemos es bueno. Quiero que reconozca que sin ella el negocio funciona y sin mí se cae. Estoy dependiendo de que ella valide lo que yo hago y que vea todo lo que hago por el negocio.

Sé que no puedo hacerla pensar ni comportarse como me gustaría, pero sí puedo establecer límites claros para que los ingresos que se perciban estén relacionados con funciones concretas que sean importantes para atraer clientes y dar el servicio.

También podría comunicarle la necesidad de apoyo y de solidaridad cuando se sobrecarga el trabajo. Entonces yo me sentiría más realizada y creo que nos acercaríamos como las amigas que somos, logrando recuperar la relación divertida y agradable que teníamos.

Para lograr esto tendría que ser más abierta, decir lo que pienso y comunicarme cuando las cosas suceden. También tendría que aprender a poner límites y ocupar mi lugar en la oficina, exigiendo el respeto por el trabajo y estableciendo reglas de común acuerdo.

Tal vez tendría que estar dispuesta a delegarle responsabilidades y funciones específicas, que ella se viera obligada a atender para sacar a flote eventos. El problema es que no me he atrevido porque cuando lo he intentado ha sido un desastre y corro para rescatarla porque no quiero que la empresa quede mal. A pesar de mis esfuerzos, ella sigue sin reconocer lo que es trabajar.

Esto no me ha funcionado, así que creo que debo aceptar que hay tareas que no debo delegar en Elisa y sólo dejarle lo que puede llevar a cabo sin poner en riesgo el éxito del negocio.

3. Edith elige su camino y avanza

Mi meta es seguir creciendo en el negocio y trabajando en armonía, manteniendo una linda amistad con Elisa.

Mi primer paso es hacer una propuesta de reorganización con las funciones que se requieren en el negocio y las que llevará a cabo cada una. Tener un equilibrio en la carga de trabajo me hará sentir muy bien. Creo que podremos llegar a buenos acuerdos respetando las diferencias, sólo tengo que decir lo que pienso sin criticarla y dejar de poner mi valor en su opinión.

Conclusión: Edith y Elisa se pusieron de acuerdo con facilidad, encontrando maneras de trabajar eficientes. Ahora la carga de trabajo se ha equilibrado, el negocio puede crecer y han recuperado su amistad.

¿Te sirvieron estos ejemplos para realizar este proceso de transformación personal y terminar tus dinámicas tóxicas? Si necesitas más ayuda, consulta mi página web www.maguiblock.com, ahí tengo un taller online con el proceso para liberarte de la relación tóxica, modelando con participantes cada paso para lograrlo.

¡Te felicito, has hecho un trabajo estupendo! Y para mí ha sido un placer haberte acompañado en este maravilloso recorrido. Recuerda que mereces lo mejor. ¡Te deseo una vida llena de amor y gozo creando vínculos sanos que te impulsen hacia tus sueños!

Relaciones tóxicas de Magui Block
se terminó de imprimir en enero de 2022
en los talleres de
Impresora Tauro, S.A. de C.V.
Av. Año de Juárez 343, col. Granjas San Antonio,
Ciudad de México